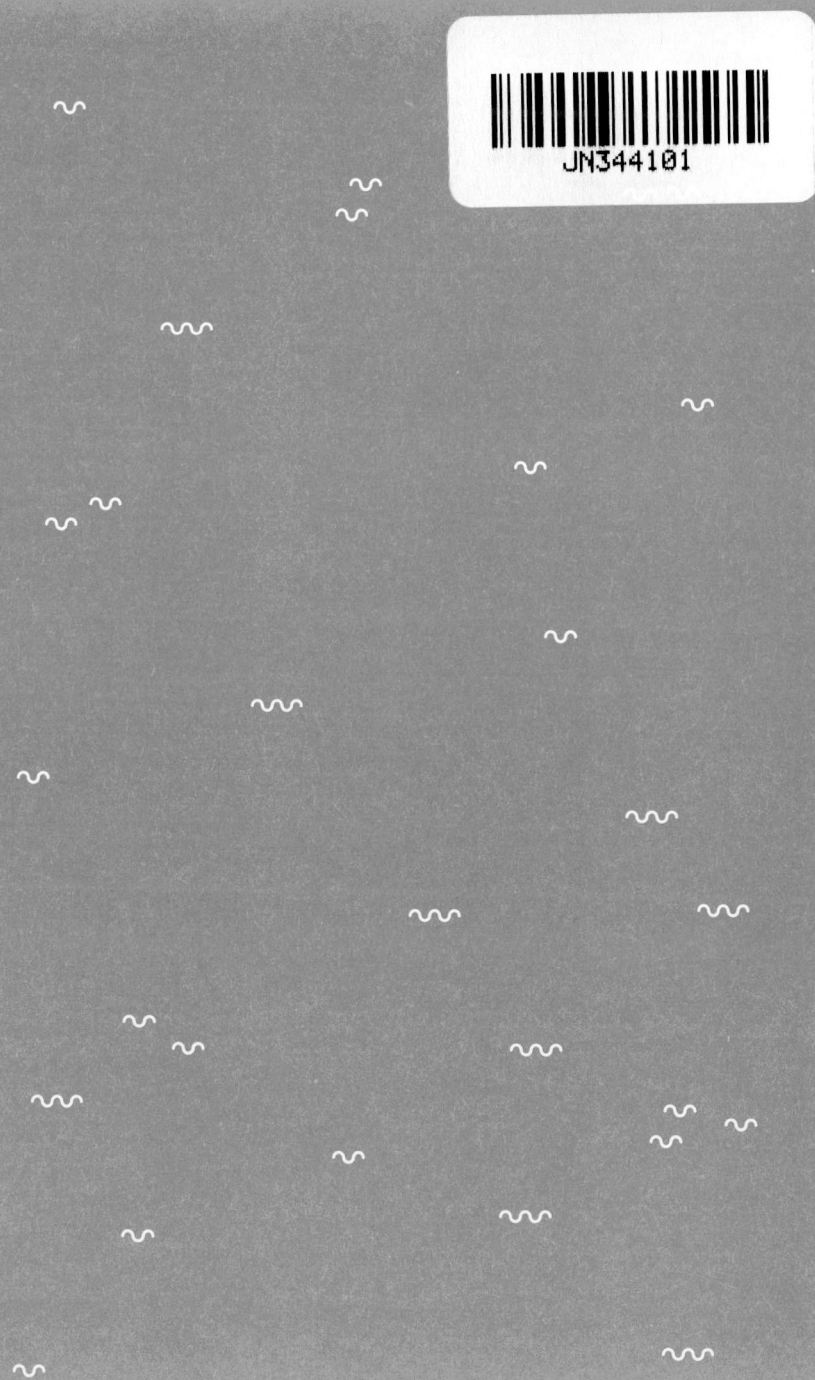

그냥 다
때려치우고
싶다

"MOU IYADA!" TO OMOTTATOKI YOMUHON by Shigeta Saito

Copyright © Moichi Saito, 2016
All rights reserved.
Original Japanese edition published by ASA Publishing Co., Ltd.

Korean translation copyright © 2019 by LEMON CULTURE
This Korean edition published by arrangement with ASA Publishing Co., Ltd., Tokyo,
through HonnoKizuna, Inc., Tokyo, and Korea Copyright Center Inc.(KCC)

이 책은 (주)한국저작권센터(KCC)를 통한 저작권자와의 독점계약으로 레몬컬쳐에서 출간되었습니다.
저작권법에 의해 한국 내에서 보호를 받는 저작물이므로 무단전재와 복제를 금합니다.

그냥 다
때려치우고
싶다

사이토 시게타 지음 | 박은영 옮김

LEMON
CULTURE

시작하며.

사람은 누구나 '다 때려치우고 싶은 마음'이 들 때가 있다.

나만 해도 원래 성격이 진득하지 못하다 보니 어려운 일만 생기면 그때마다 다 때려치우고 싶어진다. 지금까지 몇 번이나 그랬는지 모른다.

우리가 다 때려치우고 싶은 마음을 느끼는 모든 상황은 '인생의 우기雨期'라고 할 수 있지 않을까? 비가 오면 기분이 괜히 처진다. 특히 장마철이면 짜증스럽기까지 하다. 그럼에도 우리는 비라는 것이 아주 없어지기를 바라지는 않는다. 그것은 비가 우리 인간뿐 아니라 모든 생명체가 존재하고 생장하는 데에 절대 없어서는 안 될 것임을 알고 있기 때문이다. 그리고 우리는 지루한 장마가 언젠가 끝나고 구름 사이로 태양이 다시 얼굴을 내민다는 것 역시 알고 있다.

지금 다 때려치우고 싶은 마음이 드는 것도 당신이 성장하는 데에 필요한 쓴 약이라고 생각하자. 다 때려치우고 싶어지는 시련을 더 큰 인간으로 성장할 수 있는 밑거름이라 여기자. 그러기만 해도 마음은 한결 편해질 것이다. 아무리 힘든 일도 보는 관점을 바꾸면 신기하리만치 긍정적인 마음이 든다.

이제부터 나의 인생 경험과 의사로서의 경험을 토대로 다 때려치우고 싶은 마음에 대처하기 위한 여러 가지 방안을 제시하고자 한다. 그 중 몇 가지라도 여러분의 마음을 가볍게 하는 계기가 될 수 있다면 나 역시 행복할 것이다.

사이토 시게타

차례。

시작하며 • 004

1장. 불안하고 불만스럽기만 한 지금

나는 무엇으로 행복한가 • 013
앞이 보이지 않는다 • 016
결코 성장이 멈추지는 않는다 • 018
자신감을 잃었을 때 • 020
정체성의 위기 • 022
희망을 가져야 가능성도 생긴다 • 024
모든 것이 '내 탓'은 아니다 • 026
아무도 나를 알아주지 않는다 • 029
성장의 문턱 • 031
'평균'이라는 허상 • 033
지금 겪고 있는 불행만큼 행복은 찾아온다 • 036

2장. 인생에서 비교는 필요 없다

인간답게 사는 것 • 041
바빠서 죽겠다 • 045
시간의 주인인가, 노예인가 • 048
나만 놀 수가 있나 • 050
인생에서 비교는 필요 없다 • 053
뭘 해도 안 돼 • 056
내가 하고 싶은 일이 아니야 • 059
나는 이 일에 소질이 없어 • 062
슬럼프에 대하여 • 065
실속 없이 바쁘기만 한 걸까 • 067
실수가 뭐 그리 대수냐 • 070
일 ≠ 인생 • 073
자네는 왜 늘 그 모양인가 • 075
도저히 맞지 않는 상사를 대할 때 • 078
그런 사람인 줄은 몰랐어요 • 081
인간관계는 80퍼센트로 충분하다 • 084
믿을 사람이 하나도 없다 • 087
왜 회사는 나를 인정해주지 않을까 • 090
회사를 그만두려고 결심했을 때 • 092
나이가 무슨 상관인가 • 094
멋지게 지는 방법 • 097
나는 일을 위해 존재하지 않는다 • 099

3장. 정말 어려울 때는 아무도 도와주지 않는다

오늘 애 많이 썼어 • 103
마음의 응어리를 푸는 방법 • 106
나를 좋아해주는 사람이 없어요 • 109
불행해질 수밖에 없는 인생이란 없다 • 112
언제쯤이면 행복할 수 있을까 • 115
인간관계가 두렵다 • 118
진심으로 믿을 수 있는 친구 • 121
내가 좋아하는 만큼, 너도 나를 좋아해 줘 • 124
뭘 해도 감동이 없어요 • 126
나를 나답게 만들어 주는 것 • 129
좀 더 나아지고 싶다 • 132
고독에 대하여 • 135
남들은 어떻게 생각할까 • 137
완벽한 인간관계 • 140
거절당할까 봐 무서워 • 143
누구나 실연은 두렵다 • 146
소중한 사람을 잃었다면 • 149
절망의 유효기간 • 151
시련을 마주하면 비로소 보이는 것 • 153
정말 어려울 때는 아무도 도와주지 않는다 • 155
모든 것이 마음먹기에 달렸다 • 158

4장. 차근차근 다시 시작하면 된다

간식 시간은 꼭 지킨다 • 163
고민의 악순환에서 벗어나는 방법 1 • 166
고민의 악순환에서 벗어나는 방법 2 • 169
하기 싫은 일은 단숨에 • 171
감정이 갈 곳을 잃었을 때 • 173
웃음을 빼놓을 수 없다 • 176
흐름을 바꾸는 방법 • 178
쉬어도 쉰 것 같지 않다면 • 180
잡념으로 마음이 괴로울 때 1 • 183
잡념으로 마음이 괴로울 때 2 • 186
'버림' 의식 • 189
일단은 써보자 • 192
어쨌거나 친구는 필요하다 • 195
술에 대한 예의 • 197
불평불만의 조건 • 200
잠에 대하여 • 203
동물과의 교감 • 205
인생을 조금 더 편하게 사는 방법 • 207

5장. 어떻게든 해보려고 발버둥 치며 성장해 간다

내 인생은 잘 풀리고 있어 • 211
사랑은 사람을 강하게 만든다 • 214
이 세상을 살기 위한 기본적인 자세 • 216
꿈을 갖는 게 결코 헛된 것이 아님을 • 218
서두르지 말고 느긋하게 • 221
긍정적으로 살기 위한 힌트 • 224
온갖 불행에 대처하는 방법 • 227
긍정적인 삶을 위한 첫 걸음 • 229
어떤 선택을 해도 괜찮다 • 232
아무도 나의 행복을 방해할 수 없다 • 234
나를 믿고 한 걸음 앞으로 • 236
어떻게든 해보려고 발버둥 치며 성장해 간다 • 239
기다릴 줄 아는 지혜 • 242
좋아질 거라는 믿음 • 244
기다렸던 만큼 기쁨은 커진다 • 246

1장

불안하고 불만스럽기만 한 지금

나는 무엇으로
행복한가

'그냥 다 때려치우고 싶다!'

이런 상황에 몰리면 사람은 인생의 밑바닥에 떨어진 기분을 맛본다. 하지만 걱정은 말자. 이상하게 들릴 수도 있겠지만 아예 밑바닥까지 떨어진다면 성공이다. 이제 바닥을 치고 올라갈 일만 남았기 때문이다.

고민에 빠져 있을 때 해결책이 쉽사리 떠오르지 않는 것은 당연하다. 해결책이 보이더라도 대개 그것은 선뜻 내키지 않는 일들이다.

"이렇게 하면 저렇게 되니까 싫고, 저 방법도 마음에 안 들고, 이 방법도 왠지 와닿지 않고, 대체 어떻게 해야 하지?"

이렇게 고민하며 이러지도 저러지도 못하는 사이에 상황은 점점 악화되고 걱정은 깊어진다. 그러나 모든 길이 막히고 그야말로 사면초가에 몰렸을 때 비로소 눈에 띄는 길이 있다. 그것이 자기가 진정 나아가야 할 길이다.

모든 것을 포기해야만 할 때 '이것만은 놓치기 싫다'라며 부여잡는 것이 있다. 그것이 당신의 인생에서 가장 소중한 것이다.

많은 것을 갖고 있을 때는 미처 모르고 넘어가기 쉽다. 모든 것을 잃고 나서야 자신에게 진정 필요한 것이 무엇인지 알게 되는 것이다.

진정 소중한 것을 부여잡고 일어섰기에 방황할 일도 줄어들게 된다. 방황할 만큼 한 끝에 스스로 찾아낸 선택이기 때문이다. 만약 또 방황하게 되더라도 어디로 가야 하는지 쉽게 알 수 있다.

반대로 치열한 고민도 좌절도 없이 어정쩡하게 자신을 속이며 사는 사람은 평생이 가도 자신이 진정 원하는 것을 찾지 못하고 흘러갈 것이다. 그렇다고 방 안에 앉아 고민만 하며 한 발짝도 움직이지 않는다면 역시 아무것도 찾지 못할 것이다. 일단 부딪쳐 봐야 한다. '이건 안 되겠어'라는 생각이 들면 또 해보고, '이것도 아니네' 하며 깨닫는 시행착오를 겪고 행동하는 것이 중요하다.

당신은 지금까지 살아오면서 무언가 치열하게 고민한 적이 있는가?

만약 지금이 그렇다면, 또는 그런 상황이 언젠가 닥친다면 그때가 기회다. 철저하게 고민에 빠져보자.

다 때려치우고 싶은 상황은 알고 보면, 자신이 인생에서 무엇을 추구하고 있는지 알 수 있는 좋은 기회이다.

앞이 보이지 않는다

막다른 길에 몰린 사람에게는 앞이 보이지 않는다. 그리고 앞이 보이지 않기 때문에 더욱더 괴로워진다.

어느 기업 경영인이 텔레비전에서 이런 말을 했다.

"경기가 좋을 때는 다들 이 호황이 영원할 거라고 생각합니다. 하지만 호황도 언젠가는 반드시 끝이 납니다. 그리고 불황이 오면 이번에는 영원히 불경기가 계속될 거라고들 생각하죠. 하지만 이것도 언젠가는 끝나거든요. 그래서 저는 불황일 때 투자를 합니다."

확실히 일리 있는 말이다. 지금까지의 역사를 보면 세계 경기는 상승할 때도 있었고 침체될 때도 있었다. 하지만 실제로 불경기가 닥쳤을 때 과감히 투자할 만큼 용감한 사람은 드물다. 결국 그럴 수 있는 몇몇 사람만이 성공을 손에 쥐는 것이다.

이 말의 핵심은 나쁜 상황이 영원히 지속될 거라는 착각에 사로잡혀 필요 이상 우울해 하지 말자는 것이다. 아무리 큰 고난에도 반드시 끝이 있다. 이것만은 믿어도 좋다.

그러니 힘든 때일수록 위축되지 말고 과감하게 상황에 맞서자. 실패해도 좋다. 실패 없는 성공이란 없으니까. 이번의 실패가 다음의 큰 성공으로 이어질 것이다.

결코 성장이
멈추지는 않는다

오래 전 일이지만, 내 막내 아들이 초등학교에 다닐 무렵 태산목 묘목을 어디선가 얻어온 적이 있다. 그래서 나는 이 묘목을 하코네에 있는 산장에 심기로 했다. 그리고 매년 봄마다 올해는 어떻게 됐을까, 얼마만큼 자랐을까 기대하며 그 산장에 가곤 했다.

그런데 이런 나의 기대를 저버리듯 태산목은 내가 하코네를 찾을 때마다 지난 겨울에 쌓인 눈에 눌려 가지가 부러져 있기 일쑤였다. 하지만 이런 역경에도 굴하지 않고 태산목은 매년 부러졌다 다시 자라고 또 부러졌다 자라기를 반복하며 조금씩 커가더니 10년이 지나자 드디어 내 키를 넘어서게 되었다.

나는 조금씩이나마 자라고 있는 이 태산목을 자식의 성장을 지켜보는 부모의 심정으로 매년 찾아가곤 했다.

인간 역시 이 태산목처럼 부러지고 또 부러져도 결코 성장이 멈추지는 않는다. 아니, 오히려 아무 일 없이 평온 무사하게 살아온 사람보다는 두들겨 맞고 밟히면서도 버텨온 사람이 인생을 더 알차게 살 수 있다고 해도 과언이 아니다.

인간은 대개, 특히 사회에 나가면 누구나 나름의 고생을 하기 마련이다. 그렇다고 그 고생을 피하기만 해서는 발전이 없다.

'고생 끝에 낙이 온다' 같은 진부한 격언을 늘어놓을 생각은 없다. 하지만 인생에는 수도 없는 어려움과 고난이 있다는 것은 알아두기 바란다.

자신감을
잃었을 때

인간은 살아있는 한 늘 새로운 것을 접해야 하는 존재다. 초등학교를 졸업하면 중학교 공부가 기다리고 있다. 다음은 고등학교 공부가 기다리고 있고 학교를 졸업하면 먹고 살기 위해 일을 배워야 한다. 간신히 일이 익숙해지면 선배 입장이 되어 후배들을 돌봐야 한다.

자기가 잘하는 일만 할 수 있다면 인생이 얼마나 편해질까?

하지만 인생은 그렇게 쉽게 풀리지 않는다. 아무리 지금 이대로 살고 싶다 해도 그럴 수 없는 상황이 반드시 찾아온다.

그럴 때 사람은 막막해진다.

그러다 자신감을 완전히 잃어버리는 사람도 많지만, 다시 생각해 보자.

새로운 일을 시작할 때는 누구나 초등학교 1학년과 같다. 20여 년을 열심히 살아왔어도 회사에 들어가면 햇병아리가 될 수밖에 없다. 직장 상사와의 관계 등 뜻대로 풀리지 않는 일이 많은 것은 당연하다.

아침마다 5킬로미터를 달리던 사람이 어느 날 갑자기 10킬로미터를 달렸다고 하자. 그럴 때는 얼마든지 지쳐 쓰러질 수 있다. 그럴 수 밖에 없다.

그것은 당신의 실력이 떨어졌기 때문이 아니다. 지금도 5킬로미터라면 쉽게 완주할 능력이 충분하다. 10킬로미터를 달리기가 힘들다고 그렇게 좌절할 필요는 없다.

그러니 새로운 세계에서 앞이 막막하고 답답할 때는 잠시 자신 있는 분야로 돌아와보자. 쉽고 잘할 수 있는 일을 하면 당신이 지금까지 쌓아온 능력이 온전히 남아 있음을 깨달을 것이다.

자기가 할 수 없는 일에 부딪혀 자신감을 잃었을 때는 우선 할 수 있는 일을 해서 자신을 되찾자. 이 테크닉을 꼭 활용해 보기 바란다.

정체성의
위기

그래도 벽을 넘을 수 없다면 어떻게 해야 할까?

답은 매우 간단하다. 지금까지 했던 방식, 또는 자기 자신을 바꾸면 된다. 하지만 이것은 말로 하기는 쉬워도 실천하기는 매우 힘들고 어려운 일이다.

우선 지금까지 믿고 따라왔던 방식들을 버려야 한다. 이것은 매우 괴로운 일이다. 흔히 말하는 정체성의 위기라고도 할 수 있다. 남이 아무리 "이렇게 해보면 어떨까?"하고 조언을 해도 선뜻 따를 수가 없다. 예를 들어보자.

"자네가 과장님과 자꾸 부딪히는 것은 붙임성이 없기 때문이야. 좀더 사근사근하게 대해 봐."

그러나 당신은 약삭빠르게 아부 떠는 사람을 누구보다 경멸하며 자신을 있는 그대로 내보이는 것이 옳다고 믿으며 지금껏 살아왔다. 그 신념을 손바닥 뒤집듯 바꾸어 다음날부터 붙임성 있는 사람으로 변신할 수 있을까?

불가능하다고 생각한다. 적어도 나는 상황에 따라 금세 태도를 바꾸는 사람을 신뢰하지 않는다.

자기 소신을 지키면서 그것을 바꿔야 할 때는 치열하게 고뇌하는 사람이 훨씬 믿을 수 있는 인간이라고 생각한다. 또 그런 사람이 바뀔 때는 정말 몰라보게 탈바꿈할 수 있는 것이다.

즉, 당신이 고민하는 것은 성실한 인간이라는 반증이다. 자기 신조가 뚜렷하고 일관성 있게 사는 사람이라는 증명인 것이다. 그러니 자신감을 가져도 좋다.

이제까지의 자신을 부정할 필요는 전혀 없다. 지금의 자신을 인정하면서 조금씩 바꾸어가면 된다. 비록 조금씩이라 해도 변화하는 과정은 힘들고 괴로울 것이다. 그것은 새로운 자신을 낳는 아픔이다. 고통 없는 출산은 없다. 그 고뇌와 괴로움이 지나면 분명 새로운 당신이 태어날 것이다.

벽에 부딪혀 막막할 때는 얼마든지 고민하자. 그러면서 새로운 자기 자신을 만들어가자.

희망을 가져야
가능성도 생긴다

　노력해도 보답이 없다, 회사의 처우가 너무 야박하다, 소외감에 시달린다, 자기 뜻이 제대로 전달되지 않는다, 정당하게 평가해 주지 않는다 등등 이처럼 어려운 상황에 직면했을 때 '나는 뭘 해도 안 돼' 하고 좌절하는 것과 '새로운 마음으로 다시 노력해 보자' 하고 마음을 다잡는 것에는 큰 차이가 있다. '나는 뭘 해도 안 돼' 하고 단정지어 버리면 무의식 중에 우울증 같은 병 속으로 자신을 몰아넣게 된다. 그런 마음 깊은 곳에는 주위 사람들의 관심을 끌고 싶다, 동정받고 싶다는 심리가 깔려 있다. 그리고 그것이 이루어지지 않으면 퇴폐적인 생활로 쉽게 도피하고 만다.

그러나 인생이란 어떤 상황에 처하더라도 그 속에서 자기 나름의 희망을 찾느냐 마느냐가 중요하다. 현재가 아무리 불안하고 황량한 공기로 가득하더라도 다시 한 번 희망을 갖고 헤쳐 나아가야 하지 않겠는가.

평균 수명이 80년을 넘어가는 요즘, 인생이 끝나려면 한참 멀었다. 당장 앞이 보이지 않는다고 해서 절망하고만 있을 수는 없다.

가능성 없는 인생이란 없다. 자기 마음 속에서 어떤 목적과 활력을 찾아냈을 때, 그곳이 언제나 당신의 출발점인 것이다.

모든 것이
'내 탓'은 아니다

 다 때려치우고 싶은 마음에 좌절하고 주위와 벽을 쌓는 일은 누구에게든 일어날 수 있다. 하지만 그런 상황은 언젠가 반드시 끝난다. 그것만은 기억해두자.

 하지만 그런 우울한 기분이 도무지 가시지 않아 일상생활마저 버겁게 느껴질 때는 우울증의 가능성을 의심해 봐야 한다.

 우울증 증세를 보이면서도 자기가 우울증이라는 것을 인정하지 않는 사람이 있다. 반면 조금만 마음이 답답해도 자기는 우울증이라며 굳게 믿는 사람도 있다. 확실히 우울증으로 인한 병적인 우울상태와 외부 요인으로 인한 단순 우울감은 서로 연장선상에 있어서 명확히 구별하기가 어렵다. 하지만 우울증은 일시적으로 나타났다가 사라지는 증상이 아니며 가볍게 넘겨서도 안 된다.

우울증은 장기간에 걸쳐서 나타나는 까다로운 병이다.

먼저 자신감이 떨어지고 '어차피 살아 봤자 뾰족한 수도 없고 나 같은 건 쓸모 없는 인간이야. 다 포기해버리자'라는 생각에 사로잡힌다.

그렇게 심각한 좌절감에 빠져 결단력이 없어지고 식욕도 극도로 감퇴하며 불면증에 시달리고 자꾸 비관적인 생각만 든다.

그러다가 '나는 쓸모 없는 인간이야', '살아 봤자 세상에 민폐만 끼칠 거야', '차라리 그냥 죽어버리자!' 하는 데까지 이른다.

이처럼 우울증은 외로움, 불안, 허탈감, 초조감 등 부정적인 감정에 휩싸여 극단적인 고독감에 사로잡히는 정신질환의 일종이다. 이런 증상이 병에 의한 것임을 이해하고 받아들일 수 있다면 다행이다. 하지만 그게 안 되면 '나는 왜 이렇게 어두울까?', '나는 멍청하고 붙임성도 없어' 하며 자신의 성격이나 인격마저 부정하게 된다.

자신을 그렇게만 보는 것은 비참하고 괴로운 일이다. 그 괴로움에 눌려 자살을 생각하거나 실제로 자살해 버리는 사람도 있다.

사실은 나도 우울형 인간이다. 자신이 우울감에 빠져 있을 때의 기분을 잘 알고 있기에 우울증에 걸린 사람의 마음을 이해할 수 있다. 그래서 누군가 우울증으로 자살했다는 소식을 접하면 더 안타까울 수밖에 없다. 빨리 병원을 찾아 도움을 청했다면 얼마나 좋았을까.

혹시 자신의 성격이 어둡다거나 쉽게 좌절하는 타입이라고 생각하는 사람은 한번쯤 정신과 의사의 진찰을 받아보기 바란다.

자신이 우울증이라는 것을 알고 나면 '투병'하려는 의지가 생긴다. 그 전까지는 뭐든지 자기 탓으로 돌리며 의기소침하던 사람이 싸워서 이겨야 하는 대상으로 자신의 '병'을 바라보게 될 것이다.

아무도 나를
알아주지 않는다

우울증뿐만 아니라 마음이 괴로울 때는 누군가에게 고민을 털어놓는 것이 제일 좋은 방법이다.

솔직히 털어놓는다고 당장에 괴로움이 사라지지는 않는다. 하지만 적어도 괴롭던 마음이 조금은 가벼워질 것이다.

아무에게도 말 못하고 혼자만 끙끙 앓으면 고민은 더욱 속으로 깊이 파고들어 간다. 그래서 특히 내향적인 사람은 마음 편히 털어놓을 수 있는 상대를 한 명이라도 많이 갖는 것이 중요하다.

그러지 못하면 반대로 자신은 고독하다, 아무도 나를 알아주지 않는다는 사고의 악순환에 빠지고 만다. 실제로 주위에 믿을 만한 사람이 없다는 것 자체를 고민하고 하소연하는 사람이 최근 점점 늘고 있다. 애인이 없어 고민하는 사람보다도 이런 사람이 훨씬 많으며 고민하는 정도 또한 심각하다.

만약 믿을 만한 사람이 없어 고민이라면 한번만 더 생각해보자. 당신은 정말로 고독한가? 누군가 한 명이라도 당신의 이야기를 들어줄 사람이 있지 않을까? 당신을 아끼는 사람이 있지 않을까?

주위 사람들에게 당신의 고민을 함께 짊어질 힘이 없다고 생각하는 건 당신의 오해다. 비록 당신이 원하는 만큼 고민이나 괴로움을 시원하게 풀어주지는 못할지라도 당신의 가족이나 친구로서 곁에 있어주는 것에는 변함이 없다.

조금만 더 주위 사람들을 믿고 도움을 청해 보자.

다정하고 따뜻한 말 한마디를 걸어주는 사람은 주위에 얼마든지 있을 것이다.

'힘들고 어려울 때 누군가 의지할 사람이 있다'라고 생각하면 두려울 것은 아무것도 없지 않을까?

성장의 문턱

　남의 도움을 바라서는 안 된다, 남에게 의존하면 안 된다는 생각에 무리하게 혼자서 버티는 사람이 있다. 요즘은 '자립'하지 않으면 못난 사람이라는 시각이 있기 때문이다.
　그러나 사람에게는 적당한 어리광도 필요하다.
　예를 들면 어렸을 때 부모의 애정을 듬뿍 받으며 자란 아이는 의외로 부모 곁을 일찍 떠나 독립한다. 하지만 사정이 있어서 부모와 떨어져 지내거나 마음껏 어리광을 부리지 못하고 자란 아이는 어른이 되어도 쉽게 부모 그늘을 벗어나지 못한다. 욕구불만이 남는 것이다. 어릴 때부터 과보호는 안 된다느니 자립심을 기른다느니 하며 아이를 너무 멀리하는 것은 오히려 해롭다.

누구나 새로운 일에 도전하거나 지금까지와는 전혀 다른 길로 들어서는 인생의 전환점이 생기는데, 이 때 '성장의 문턱'을 마주하게 된다.

이 문턱을 하나 넘을 때마다 인간은 잠시 어린아이로 돌아간다. 어린아이로 돌아가 마음껏 어리광을 피운 다음 새로운 자신으로 성장해 새 출발을 한다. 이 충분한 '어리광'이 있어야 비로소 더 성숙한 모습으로 일어설 수 있는 것이다.

나이가 들면 들수록 '누군가에게 기대고 싶다'는 생각은 간절해지지만 대개는 주위 환경이 여의치 않다. 하지만 이럴 때 넋두리를 하거나 불안을 토로할 사람이 주위에 있으면 회복도 한결 빠를 것이다.

만약 당신이 지금까지 아무에게도 의지하지 않았거나 어리광을 부리지 않고 살아왔다면 때로는 누군가에게 기대는 것이 좋다. 힘이 들고 다른 사람의 손길이 아쉬워질 때, 그것은 당신이 성장하기 위한 전환점일지도 모른다.

당신이 불안을 토로하면 분명 이해해 주는 사람이 있을 것이다. 모든 것을 혼자 짊어지려고 하지 말고 마음껏 주위 사람에게 의지해 보면 어떨까?

'평균'이라는
허상

설문조사를 하면 다양한 '평균'이 나온다. 회사원 평균 급여, 성인 평균 신장, 평균 친구 수 등등. 자기가 '평균적'인지 아닌지, 주위와 비교하면 어떤지 궁금한 사람도 많을 것이다. 그리고 자기가 '평균 미만'이라는 이유로 고민하는 사람들도 있다.

"다른 사람들은 그렇게 많이 받는데 이렇게 열심히 일하는 내 월급은 평균치도 안 된단 말이야?"

"나는 평균보다 친구가 적은데 혹시 나한테 뭔가 문제가 있는 게 아닐까?"

그러나 '평균'이란 실체가 없는 허상이다.

주위를 둘러보자. 통계치, 평균치에 꼭 맞는 '평균적인 사람'이 존재하는가? 아마 없을 것이다. 크든 작든 모두 평균치와 다르다. 어딘가 차이가 있다. 이 부분은 평균보다 높고 저 부분은 낮다. 모든 면에서 평균인 사람은 이 세상에 단 한 명도 없다.

잘 생각해 보면 당연한 말이다. 평균이란 어차피 모든 수치를 더해서 사람 수대로 나눈 값일 뿐이니까.

애초에 이 평균과 다른 점이 '개성'이라는, 당신을 당신답게 만들어 주는 귀중한 자산이 아닌가.

통계란 하나의 기준에 지나지 않으며 어디까지나 숫자일 뿐이지 현실은 아니다.

그러므로 누군가 '평균적으로 이렇다', '보통은 이렇다'라며 당신의 특징을 지적해도 필요 이상으로 고민하거나 기분 나빠할 필요는 없다.

"그런 건 그 사람만의 의견일 뿐이잖아?"

이렇게 마음 편히 생각하면 된다. 실제로 그렇다. 내가 지금 하는 말 역시 나 개인의 의견이지 절대적으로 옳은 것은 아니다. 평균에 집착하는 것은 정보화 시대의 폐해라고도 할 수 있다. 온갖 것을 알아야 하고 온갖 기준에 부합하지 않으면 자기가 뒤처진다는 착각에 빠지는 것이다.

평균이나 통계에 연연하며 고민하는 당신은 순수한 마음을 가졌을지도 모른다. 남의 이야기를 곧이곧대로 받아들이는 것은 장점일 수 있다. 하지만 거기에 너무 휘둘리면 줏대 없는 사람이 될 뿐이다.

'평균', '보통' 같은 것들은 그저 흘려 듣는 것이 좋다.

지금 겪고 있는 불행만큼
행복은 찾아온다

    고민에 빠져 다 때려치우고 싶은 마음이 들고 이 상황이 끝없이 계속될 것처럼 비관적으로 느껴져도 인간이란 본디 고민을 마음에 오래 담아두지 못하는 생물이다.

    물론 병으로 인한 고통이나 경제적인 고민은 별개다.

    하지만 감정이 정리되지 않아서 오는 불안이나 초조감은 그리 오래 가지 않는다. 어떤 계기만 있으면 거짓말처럼 순식간에 시야가 트이는 것이다.

    고민을 하려면 체력이 필요하고 시간도 필요하다. 반대로 말하면 고민하는 사람에게는 그만한 체력과 시간이 있다는 말이다. 이 의미는 시간이 남아도는 사람이 고민을 한다는 것이 아니라 시간이 허락하는 한 한껏 고민해도 좋다는 뜻이다.

인생에는 플러스 요소도 있고 마이너스 요소도 있다. 고민이란 그런 마이너스 요소를 소화하기 위한 것이다.

평생 고민거리 하나 없이 밝게만 살던 사람이 하루아침에 큰 병으로 쓰러지기도 하고 늘 고민으로 끙끙 앓던 사람이 의외로 잔병치레 하나 없이 건강하기도 하다. 아마 인생의 마이너스 요소를 마음으로 처리하느냐 몸으로 처리하느냐의 차이일 것이다.

가령 당신에게 마이너스 요소가 열 개 있다고 하자.

그 중 다섯 개를 마음으로 끙끙 앓아 처리하고 나머지 다섯 개를 감기나 다른 병으로 처리할 것인가? 아니면 열 개 모두를 마음으로 앓고 몸은 건강할 것인가? 이처럼 사람에 따라 마이너스 요소를 처리하는 방식은 가지가지다.

또한 마이너스 요소의 처리 능력에도 개인차가 있다.

어떤 사람은 열 개밖에 처리할 수 없다. 어떤 사람은 스무 개까지는 참아낼 수 있다. 또 어떤 사람은 다섯 개도 힘겨워한다.

마음에도 용량이 있다. 열 개까지는 마음으로 처리

할 수 있지만 그 이상 부담이 커지면 몸이 몸살을 앓는 식으로 말이다.

이렇게 생각해 보면 늘 끙끙 앓거나 고민에 빠지는 사람은 고민할 만큼 마음이 강하다고 볼 수도 있지 않을까?

즉, 마음의 그릇이 큰 것이다. 마이너스 요소를 담는 그릇이 크다는 것은 플러스 요소를 담는 그릇도 크다는 뜻이다.

슬픔이나 괴로움을 느끼는 감각이 예민한 사람은 기쁨이나 즐거움을 느끼는 감각 또한 남다르게 예민하다.

불행이나 괴로움은 마음을 단련시킨다. 마음에 무거운 짐이 있을 때는 더 큰 행복이 들어올 수 있도록 마음의 그릇을 튼튼하고 크게 키우는 기간이라고 생각하자.

지금 겪고 있는 불행만큼 행복은 찾아온다. 그리고 어떤 고민이나 괴로움에도 반드시 끝은 있다.

지금 괴로울지라도 그것만은 기억해 두자.

그렇게 생각하면 마음이 긍정적으로 변할 것이다.

2장
인생에서 비교는 필요 없다

인간답게
사는 것

 업무는 적성에 안 맞고, 꽉 막힌 상사는 말도 안 되는 목표를 달성하라며 야단이고, 아무리 노력해도 좋은 평가는 안 나오고, 회사의 규정이라는 이유로 쓸데없는 잡무를 챙겨야 하고, 사내 인간관계는 피곤하고…….

 당신은 희망에 부풀어 입사해서 매일 열심히 일해왔다. 사회인으로서 불쾌한 일도 많이 참아왔다. 하지만 현실의 벽에 부딪히다 보니 회사나 일에 지치고 매일 이런 일만 하다가 일생을 마치게 될 걸 생각하면 다 싫고 짜증만 난다.

 정도의 차이는 있지만 이런 감정을 안고 있는 사람은 결코 적지 않을 것이다.

환경을 바꿀 수 있다면 참 좋겠지만 부서 이동을 하고 싶어도 좀처럼 뜻대로 되지 않는다. 자칫하면 사내에서 입장이 난처해질지도 모른다. 그렇다고 이직을 하기도 요즘 같은 불경기에는 여의치 않다.

사표라도 던지면 좋겠지만 생계를 생각하면 역시 회사에 남는 수밖에 없다. 그리고 점점 더 절망적인 기분에 빠진다.

그런 사람들에게는 이렇게 조언하고 싶다.

회사에서 일하는 사람에게 회사나 일은 중요하다. 그것은 잘 안다. 일이 뜻대로 안 되면 허탈함에 빠지는 것도 이해할 수 있다. 그러나 당신은 회사원이기 전에 한 인간이다. 먼저 인간답게 사는 것이 더 중요하지 않겠는가.

당신이 진정 하고 싶은 일은 무엇인가?

취미가 있다면 그것을 인생의 중심에 놓아보면 어떨까?

당장 생각나는 것이 없는 사람은 우선 움직여보자. 거리로 나가도 좋고 친구에게 전화를 해도 좋고 책을 읽어도 좋다.

그리고 일할 때는 전보다 조금만 힘을 빼보자. 그러면 일도 의외로 술술 풀릴지 모른다.

자기가 회사를 위해 희생한다는 생각이 들기 시작하면 위험하다. 아마 그런 사람은 회사 일에 헌신적으로 몸바친 성실한 사람일 것이다. 하지만 지나친 희생정신은 때로 그 사람의 인생을 잘못된 방향으로 이끌기도 한다. 그래서는 도저히 인간답게 살아갈 수 없다.

회사에만 몸바치는 일생은, 비록 금전적으로는 풍족할지 몰라도 왠지 허무하지 않은가.

물론 자신을 냉정하게 분석한 결과 일에 몰두하는 타입이라는 결론이 나왔다면 좋다. 자기 일에 보람이나 긍지를 가지는 것은 훌륭한 일이다.

단, 그럴 때는 확고한 목표나 꿈을 가지기 바란다.

그리고 그 꿈을 실현하기 위해 매일 조금씩이라도 전진하기 위해 노력하자. 물론 계획대로 안 될 때도 있을 것이다. 그럴 때는 너무 계획에 연연해 하지 말고 잠시 휴식기간이라고 생각하자.

무슨 일이든 처음부터 끝까지 같은 페이스일 수는 없다. 잠시 주춤거렸어도 할 수 있는 부분부터 다시 시작하면 그만이라는 여유가 늘 필요하다.

꿈을 좇는 것은 오랜 시간을 요하는 만큼 도중에 여러 장애물이 있을 수 있다. 기력이 다해 좌절할 때도 있을 것이다.

그럴 때는 '할 수 있다!'고 믿고 천천히 다시 출발하자.

자기를 바라볼 여유를 갖고 긍정적으로 생각하면 분명 다 잘될 것이다.

바빠서 죽겠다

일하는 것이 지겹고 싫어진 것은 당신이 너무 바쁘기 때문일지도 모른다.

자기 감정을 정리할 틈이 없다. 고민이나 우울함을 다른 사람에게 털어놓을 시간이 없다. 피곤해도 잠 한숨 푹 잘 시간이 없다. 이러면 고민, 우울함, 피로 등은 쌓이기만 하고 빠져나갈 곳이 없다.

어느 날, 일 때문에 노이로제에 시달리는 회사원이 나를 찾아왔다. 그는 업무량이 너무 많아서 휴일도 반납하고 출근했으며 결국 일이 머리에서 떠나질 않게 됐다고 한다.

나는 그에게 먼저 휴일에는 철저히 쉬고 일 외에 자기가 하고 싶은 일을 하나 가지도록 조언했다.

그런데 그는 휴일에 쉬는 데에는 동의했지만 일 외의 목표에 대해서는 난색을 표했다. 결국 내가 강경히 주장한 끝에 자동차 면허를 따기로 하고 운전학원에 등록했다.

그러자 그의 생활은 몰라보게 변하고 몸도 마음도 생기를 띠었다. 내가 짜준 무리한 스케줄 때문에 그는 자신의 업무 시간표를 다시 짤 수밖에 없었다. 그러자 미적거리는 시간이 줄었고 결과적으로 시간을 효율적으로 쓰게 된 것이다.

'바쁘다'는 말 뒤에는 여러 가지 의미가 숨어 있다.

'정말 감당할 수 없는 업무량에 치여서 바쁜' 것인지 아니면 '막연히 바쁘다고 생각하면서 시간만 보내는' 것인지 사람에 따라 다를 것이다. 다만 '바빠 죽겠다'며 푸념하는 사람일수록 시간관리 요령이 떨어지고 공연히 시간을 낭비하는 경우가 많다.

바쁜 일상은 어차피 끝나지 않는다. 따라서 바쁘다는 타령만 하고 있으면 언제까지고 자기 시간을 만들 수 없다. 퇴근시간 후나 휴일에도 일거리를 끌어안고 있으면 정신적으로도 지치게 된다. 그리고 그 피로와 고민을 해소할 여유도 없어진다.

더 나쁜 것은 그렇게 쉴 새 없이 일만 하면 일 자체의 능률이 떨어지기 마련이다. 그러면 초조해져서 일에 점점 더 많은 시간을 빼앗기고 그러다가 결국에는 오도가도 못하게 된다는 점이다.

자기 시간을 낼 수 있으면 마음을 정리하거나 기분전환을 해서 다소 기분이 나아질 수 있다.

그리고 자기 시간이란 대부분 본인이 정말 의지만 있다면 어떻게든 낼 수 있는 법이다.

일이 바빠서 피로와 고민이 쌓였을 때는 '업무 능률을 올리려면 내 시간을 가져야 한다'라고 스스로를 설득해 바쁜 생활에 쉼표를 찍을 용기를 내야 한다. 이것이 업무를 스트레스로 만들지 않는 비결이다.

시간의 주인인가, 노예인가

나는 바쁜 것에도 '좋은 바쁨'과 '나쁜 바쁨' 두 종류가 있다고 생각한다.

만약 누군가 당신을 '부려먹고 있다'라는 생각이 든다면 그것은 '나쁜 바쁨'이다. 당신은 자기가 하고 싶은 일을 하는 것이 아니다. 누군가의 명령에 따라 하고 싶지도 않은 일을 하고 있다. 당신은 시간의 노예일 뿐 시간의 주인이 아니다.

하지만 당신이 스스로 그 바쁜 생활을 택했다면 그것은 '좋은 바쁨'이다. 당신은 주체적으로 시간을 쓰고 있으며 결코 시간의 노예가 아니다. 아무리 바빠도 그것이 자기가 하고 싶은 일이고 적극적인 의미가 있는 시간이라면 아무런

후회도 없을 것이다.

휴일도 잠자는 시간도 아껴가며 일에 몰두해야 할 상황은 많은 사람이 경험한다. 신규사업을 추진하거나 사업을 급격히 확장할 때 등등 다양할 것이다. 그것은 일의 한 고비이자 시련이며 그것을 극복함으로써 새로운 전망이나 시야가 열리는 계기가 될 수 있다. 이럴 때 전력투구하는 것은 좋다.

하지만 누구나 체력과 기력에 한계가 있다. 두세 달, 길어도 반 년이라면 견딜 수 있겠지만 끝날 희망도 없이 일이 쏟아지면 언젠가는 기력도 소진되고 만다.

일중독인 사람은 열심히 일하는 동안에는 귀중한 인재다. 그러나 기력이 소진되고 나면 회사로서는 저치 곤란한 짐일 뿐이다.

만약 '나쁜 바쁨'에 빠져 있다면 잠시 멈춰 서서 자기가 정말 하고 싶은 일이 무엇인지 생각해 보자. 아니면 아예 이렇게 속 편히 생각하는 것도 좋다.

"지금은 바빠도 나중에 어떻게든 되겠지!"

나만
놀 수가 있나

하루 동안 쌓인 피로는 그 날 밤에 자면서 풀고 다음날 아침에 다시 건강하게 일터로 나간다. 평일의 피로는 주말에 풀고 월요일에는 개운해진 몸과 마음으로 출근한다. 원래는 이것이 이상적이다.

하지만 실제로는 일과 인간관계에 치여 피로를 풀지 못한 채 다음날을 맞고, 겹겹이 피로가 쌓인 상태로 새로운 한 주를 맞는 식으로 서서히 피로를 축적해가는 사람이 많다.

그런 사람은 휴가를 내면 되지만 좀처럼 쉬려고도 하지 않는다.

특히 업무 스트레스로 지친 사람들 중에는 '다른 사람들은 열심히 일하는데 나만 놀 수가 있나' 하면서 죄책감을 느끼는 경우가 많다고 한다.

대다수의 사람들이 하는 행동은 소수파에게 무언의 압력으로 작용한다. 어지간한 마이페이스가 아닌 한 다른 사람들의 행동은 신경이 쓰이기 마련이다. 다른 사람에게 다소 신경을 쓰는 성격이라야 인간관계도 원만할 수 있을 것이다.

하지만 많은 사람들이 하는 일이라고 꼭 옳다는 법은 없다. 당신에게는 당신만의 '올바른 행동'이 있다. 때로는 다수에게 등을 돌리더라도 당신에게 최선이라고 생각하는 행동을 할 필요가 있다. 당신의 마음이 지칠 대로 지쳤다면 더욱 그렇다. 모두가 일한다고 자기가 쉬면 안 된다는 법이 어디 있는가?

그럴 때는 스스로 자신을 살살 달래줄 필요가 있다. '쉬어도 좋다'는 것을 자신이 받아들일 수 있도록 스스로를 설득해 보라.

'건강관리도 업무의 일부야. 이대로 일하면서 능률만 떨어뜨리느니 과감하게 쉬어서 기운 차리고 효율적으로 일하는 것이 회사를 위해서도 좋을 거야.'

유럽 사람들은 휴가를 넉넉하게 보내기로 유명하다. 푹

쉬고 놀아줘야 재충전이 된다는 것을 그들은 잘 알고 있다. 최그만큼 휴식이란 업무능률을 올리면서 떨어진 기력을 재충전하는 데에 빼놓을 수 없는 것이다.

'쉬어도 괜찮다'라는 방향으로 생각을 전환하면 그것만으로도 분명 스트레스는 훨씬 줄어들게 된다.

인생에서
비교는 필요 없다

다른 사람들이 무엇을 하는지 궁금해서 견딜 수 없다.

다른 사람들이 자기를 어떻게 생각하는지 궁금하다.

늘 그런 것은 아니지만 이따금 이런 상태에 빠질 때가 있을 것이다.

자기 일에 대한 다른 사람들의 평가가 신경 쓰이고 다른 사람들이 하는 일이 부럽기도 하다.

'우리 상사는 나를 인정해 주는 걸까?'

'나는 주위에서 일 잘하는 사람으로 보일까?'

이런 생각만 하는 것은 자기에게 자신이 없기 때문이다.

'왜 그 일을 내가 아니라 저 사람에게 맡겼을까?'

'저 사람이 하는 일이 내 일보다 훨씬 재미있어 보이는데.'

이런 생각들에 갇혀 괴로운 것은 회사에서의 자기 위치가 불만스럽기 때문이다. 스스로에게 자신이 없으면 움츠러들고 점점 더 의욕을 잃게 된다. 심지어는 이렇게 생각하기도 한다.

'기획서를 제출해 봤자 어차피 무시당할 게 뻔해.'

'어차피 내 의견은 통과되지 않을 거야.'

이렇게 자기 생각보다 남의 평가에만 연연한 나머지 스스로 자기 행동에 제약을 가한다. 당연히 자신을 비하할 수 밖에 없다.

이렇게 되면 힘들겠지만 해결방법은 의외로 간단하다.

우선 쓸데없는 잡념을 버리고 지금 해야 할 일, 주어진 업무, 하고 싶은 일 등을 제대로 확실하게 하는 것이다.

'나를 평가하는 것은 바로 나다'라고 스스로를 납득시킨다. '내가 됐다고 생각하면 된 것 아냐?' 하는 약간의 뻔뻔함도 필요하다. 인간이란 다른 사람에게 너무 신경 쓰게 되면 자기 자신을 잃어버린다. 자기가 해야 할 일, 하고 싶은 일이 뭔지 모르게 된다. 그러다 보면 의기소침하는 마음이 태도에까지 영향을 미쳐 무슨 일에나 자신이 없고 비굴해지고 만다.

그리고 무의미한 비교를 하지 말자. 동기들이 얼마나 승진했든 다른 회사의 연봉이 얼마이든 어차피 남의 일이라고 생각하면 그만 아닌가.

남에게 지기 싫다는 마음은 성공으로 이끄는 에너지가 되기도 한다. 하지만 그 에너지가 '패배의 공포'와 싸우는 데에만 쓰이면 마음에 여유가 없어지고 긴장으로 지쳐버린다.

남과 비교해서 자기 결점만 자꾸 들추어봤자 소용없다. 인생을 밝게 살기 위해서는 자신을 긍정적으로 보는 것이 중요하다.

자신을 믿고 여유 있는 마음을 가져야 실력발휘도 할 수 있다. 현실을 즐기려는 자세가 되면 즐거움을 찾을 수 있다. 그러다 보면 좋아하는 일이나 자신감을 얻을 수 있을 것이다.

남들과 경쟁하는 것만큼 쓸데없는 짓은 없다. 인생에서 비교는 필요가 없다.

뭘 해도
안 돼

 '나는 뭘 해도 안 돼' 하고 자기혐오에 빠진 경험은 누구나 있을 것이다. 아무리 일해도 발전이 없고 같은 실수를 몇 번씩 되풀이한다. 그러다가 "나는 이제 틀렸어, 다 때려치워야지" 하고 좌절하고 만다. 이런 감정에 계속 사로잡히는 것은 참으로 위험하다. 세상이 전부 암울해 보이고 자기처럼 뭘 해도 안 되는 구제불능에게 앞길은 없다는 생각에 빠져버린다.

 이런 이야기가 있다.

 수조에 큰 물고기를 넣어놓고 먹이로 작은 물고기 몇 마리를 풀어준다. 보통은 큰 물고기가 작은 물고기를 덥석 먹어버릴 것이다. 하지만 수조 가운데에 유리로 된 칸막이를 설치해 큰 물고기와 작은 물고기를 갈라 놓으면 어떻게 될까?

배가 고파진 큰 물고기는 작은 물고기를 잡아먹으려다 번번이 유리 칸막이에 부딪힌다. 한동안 그러기를 되풀이하면 나중에 칸막이를 치워도 큰 물고기는 먹이를 잡으려고 하지 않는다. 계속된 실패로 자신감을 잃어버린 것이다. 그렇게 좌절한 큰 물고기는 먹이를 앞에 둔 채 결국 굶어 죽고 만다.

인간도 그렇다. 몇 번 실패했다고 '나는 뭘 해도 안 돼' 하며 자신의 가능성을 닫아버리면 정말 아무것도 할 수 없게 되어버린다.

만약 어떤 일에 실패했다면 자기 능력에 비해 너무 욕심을 부리지 않았는지 냉정하게 분석하고 상사의 의견을 들어보자. 그리고 무리한 목표에 계속 똑같은 방법으로 부딪히지 말고 실패의 경험을 살려 다른 수단, 다른 방법으로 다시 도전해 보면 어떨까.

'운도 실력이다'라고들 하는데 '나는 뭘 해도 안 돼'라는 좌절감에 젖어 모처럼 찾아온 기회마저 잡으려 하지 않는 사람에게 운은 결코 오지 않는다.

당장 일이 안 풀린다고 해도 '나는 원래 안 돼'라는 생각은 버리자. 그보다는 이제부터 노력해서 모자란 곳을 조금씩 메워나갈 생각을 하자. 인간은 원래 불완전한 존재다.

이렇게 긍정적인 자세를 가지게 되면 마음은 한층 가벼워지고 저절로 의욕도 샘솟을 것이다.

내가 하고 싶은 일이 아니야

자기가 하고 싶은 일을 하지 못해 고민하는 사람이 많다. '이건 내가 하고 싶은 일이 아니야!' 하고 생각하는 순간 그 일은 스트레스가 된다. 그리고 고민하면 할수록 때려치우고 싶은 감정이 증폭되어 마음을 압박한다. 이런 생각의 배경에는 '내가 제일 바라는 직종이나 부서에 들어가지 못했다', '내 의사와 관계없이 부서 이동을 당했다', '상사가 기회를 주지 않는다' 등등 여러 가지 속사정이 있을 것이다.

이런 상태에서 탈출하려면 이직을 해서 자기 희망과 일치하는 직장을 찾는 것이 가장 좋겠지만 요즘 같은 불경기에는 그것도 쉽지 않다.

또 방송이나 언론계에서 일하는 프리랜서들을 보며 '나도 저렇게 자유로이 일할 수 있으면 얼마나 좋을까?' 하는 생각이 들기도 할 것이다.

하지만 프리랜서가 되거나 이직을 한다고 해도 문제가 해결된다는 보장은 없다. 오히려 생계를 위해 좋든 싫든 닥치는 대로 일을 해야 한다는 점에서는 프리랜서가 직장인보다 훨씬 열악하다.

직장에서 계속 일하면 그런 대로 월급은 나온다. 재미없는 일을 하며 안정된 생활을 유지할 것인가, 좋아하는 일을 자유롭게 할 수 있는 대신 안정을 포기할 것인가? 아마 대부분 불평을 하면서도 안정된 생활을 선뜻 포기할 용기는 없을 것이다. 상사나 회사에 대해 투덜거리고 '이건 내가 정말 하고 싶은 일이 아닌데'라고 하면서도 다니던 직장에 계속 나갈 것이다.

내 생각에, 그것은 그 나름대로 좋다. 어느 쪽으로 가든 그것은 본인의 자유다. 옳은 것도 틀린 것도 없다. 하지만 결국 선택은 자기 자신의 몫임을 잊지 말기 바란다. 누가 강요하는 것이 아니다.

그렇다고 "자신이 택한 길이니까 불평하지 마세요!" 하고 말문을 막아버릴 생각은 아니다. 그렇게까지 자신에게 엄격할 필요는 없지 않을까. 때로는 우는 소리를 해도 자신을 용서하자. 불만족스러워도 지금 하는 일을 계속하기로 결정했다면 투덜거리면서도 일은 일대로 하면 된다.

내가 택한 길이라고 생각하면 스트레스는 어느 정도 덜어질 것이다.

자, 당신에게는 어떤 선택의 여지가 있는가? 당신은 무엇 때문에 주저하고 있는가? 지금 어느 쪽을 선택하려고 하는가? 자신의 진심을 한번 정면으로 들여다보자. 그런 다음 행동에 옮겨도 늦지는 않을 것이다.

나는 이 일에
소질이 없어

 하고 싶은 일을 할 수 없어서 고민인 사람이 있는 반면, 자기가 하고 싶은 일이지만 능력이 모자라 고민하는 사람도 있을 것이다.

 일에 대한 열의도 있고 게으름을 피울 생각은 조금도 없지만 왠지 일이 손에 잡히지 않는다. 일을 해도 영 진척이 없다. 그렇게 의욕과 성과가 어긋날 때는, 아쉽지만 당신의 능력에 비해 그 일이 너무 벅찬 것일 수 있다.

 모처럼 하고 싶은 일을 맡았는데 못하겠다고 포기하기란 결코 쉽지 않을 것이다. 여기서 그만두면 언제 다음 기회가 올지 모른다.

그러면서 '별 성과도 없이 주위의 기대를 저버리고 있다', '마음만 급하고 도무지 진전이 없다' 라는 상반된 중압감에 괴로워하게 된다.

열의가 있는 사람일수록 처음에는 어떻게든 해보려고 애를 쓴다. 하지만 그러다가 '나는 이 일에 소질이 없는지도 몰라' 하는 불안이 싹트고 그 불안은 이윽고 고통이 된다. 그럼에도 불구하고 일을 붙들고 있다 보면 몸과 마음이 지쳐 우울증 같은 병을 부르는 것이다.

도저히 할 수 없는 일이라면 되도록 빨리 "못하겠다"라고 주위에 알리는 것도 필요하다. 책임감이 강한 사람일수록 '맡은 일은 거절하지 말고 해내야 한다'라고 생각하지만 이럴 때는 '거절하는 것이 자신을 구제하는 유일한 방법'임을 스스로 받아들여야 한다.

이렇게 되면 중요한 프로젝트에서 제외되거나 하고 싶은 일을 못하게 될지도 모른다.

하지만 당신에게 가치 있는 것이 그 일만은 아니지 않은가. 이 말은 소극적으로 살라는 것은 아니다. 그러나 지금 이대로는 과중한 업무에 마음이 짓눌려버린다. 그렇게 되지 않기 위해 하는 말이다.

자신의 성격이나 생활을 똑바로 인식하고 할 수 없는 일은 솔직하게 "못하겠다"라고 하자. 이것은 부끄러운 도피가 아니라 자기답게 살기 위한 용기 있는 행동이다.

슬럼프에
대하여

"지금 하는 일이 슬럼프에 빠져 있어요."

만약 당신이 이렇게 말하면 주위 사람들은 여러 가지 조언을 해줄 것이다. 모두 친절한 마음에서 하는 말이다. 당신을 좋은 방향으로 이끈다는 좋은 마음에서 말이다. 만약 애써 해준 충고를 당신이 순순히 받아들이지 않으면 상대는 마음이 언짢아질지도 모른다. "남이 좋게 말하면 받아들일 줄도 알아야지!" 하고 잔소리를 할 수도 있다.

어쩌면 그 조언들 중 하나쯤은 '정답'에 가까울지 모른다. 그러나 원래 슬럼프일 때는 뭘 해도 신통치 않기 마련이다. 작업 순서를 바꿔봐도 잘 되지 않는다. 뭘 해도 되질 않으니 슬럼프인 것이다.

이럴 때는 너무 속태우지 말자. 잠자코 견디다 보면 슬럼프의 파도는 지나간다. 조바심은 금물이다. 다른 사람의 조언에도 너무 휩쓸리지 않는 것이 좋다.

'기분전환'이라는 방법도 있다. 이것은 정신적인 슬럼프 탈출 법이다. 아무리 심각하게 생각해도 슬럼프를 벗어날 수는 없다. 차라리 기분을 바꿔서 불쾌한 감정을 날려버리는 것이 효과적이다. 생활에 변화를 줘서 매너리즘에 빠진 상태를 타파해 보는 것도 좋은 방법이다.

결국 해답은 자기 스스로 찾는 수밖에 없다. 당신이 슬럼프에서 헤어나오는 방법은 오직 당신만이 알고 있다. 다른 사람에게 뭔가 좋은 생각이 있을 듯하지만 결코 그렇지 않다. 최선의 지혜는 당신 자신에게서 나오는 것이다.

하지만 해답이 나오기까지 방황이 필요할 때가 있다. 다른 사람의 도움이 필요할 수도 있다. 당신 나름대로 방황하며 발버둥 치는 것도 좋다.

당신의 그 발버둥이 슬럼프에서 회복됐을 때 당신의 소중한 노하우가 될 테니까.

실속 없이
바쁘기만 한걸까

'그렇게 노력했는데 성과가 없어.'

'바쁘기만 바쁘지, 도무지 결과로 나타나질 않아.'

이렇게 생각될 때는 피로가 몇 배로 밀려오고 바쁘게 일한 날들이 그대로 스트레스가 된다. 그와 동시에 성과를 거두지 못한 자신이 원망스러워지기도 한다.

'노력해도 결과가 없는 것은 내 능력이 모자라기 때문이야. 나는 역시 안 돼.'

누구나 이렇게 고민한 경험이 있을 것이다.

세상의 어떤 일에나 공통적인 것은, 일을 하면서 '실속 없이 바쁘기만 했다'라며 남몰래 고민할 때가 많다는 점이다.

이것에 대해 하나 제안을 한다면 성과를 한 가지 방향으로만 보지 말았으면 한다. 즉, '성과'란 업무의 직접적인 성공만이 아니라는 뜻이다.

예를 들면 까다로운 거래처 사람들이 오늘은 친절하게 대해줬다, 야근을 하다가 전부터 찾고 있던 자료를 발견했다, 외근 도중에 분위기 좋은 카페를 찾았다 등등 비록 작더라도 뭔가 좋은 일이 하나쯤은 있었을 것이다.

아무리 사소하더라도 그것을 한 가지 성과로 꼽아보면 어떨까? 그러면 '기대한 성과는 올리지 못했지만 수확은 있었다'라고 생각할 수 있으니 조금은 마음이 편해지고 바쁜 업무에서 오는 스트레스도 덜어질 것이다.

직장만이 아니라 일상생활에서도 기쁜 일은 되도록 크고 요란하게 기뻐해야 뇌에 강렬한 성공체험이 각인된다. 우울한 일은 단시간에 집중적으로 고민한 다음 바로 잊어버리는 것이 좋다. 고민을 오래 끄는 만큼 성과가 올라간다면 모를까 그럴 리는 없으니 반성할 점이나 고칠 점만 마음에 새기고 넘어가도록 하자.

작은 성과를 많이 찾아내어 기뻐할 여유를 가지면 목적하던 성과를 거두지 못했다 하더라도 마음이 답답해지지는 않을 것이다.

'바쁘기는 했지만 전혀 성과가 없지는 않았어. 나름대로 즐겁기도 했으니까.'

이렇게 생각하면 당신을 괴롭히는 스트레스와도 이별할 수 있다.

실수가
뭐 그리 대수냐

일하다 실수를 하면 대부분의 사람은 주눅이 든다. 그 실수가 클수록 마음의 상처도 그만큼 커진다. 그러나 인생은 실수의 연속이다.

아무리 우수한 사람도 실수는 있다.

물론 개중에는 용서할 수 없는 실수도 있다. 가령 사람의 생명과 관계된 실수는 쉽게 용서받을 수 없다. 하지만 대부분의 사람들이 이런 중대한 실수를 저지를 확률은 매우 낮다.

실수를 너무 두려워하면 이러지도 저러지도 못하게 된다. 또 나쁜 암시에 걸려 더 나쁜 결과를 부를 수도 있다.

'실수가 뭐 그리 대수냐? 이까짓 일로 내 인생이 좌우되

지는 않아! 세상에 실수 없는 사람이 어디 있어?'

이렇게 당당히 마음 먹으면 두려울 것은 없다. 사실 사소한 실수 정도로 지금 하는 일을 잃지는 않을 것이다. 실수를 했으면 솔직하게 "죄송합니다"라고 사과한 다음 적절한 사후처리를 하면 된다. 그러면 일은 해결된다.

그러니 실수를 두려워하지 말고 하고 싶은 일이나 의뢰받은 일에 적극적으로 도전하자.

처음에는 '과연 잘할 수 있을까?', '실패하지 않을까?' 하고 불안한 마음이 들기도 하겠지만 그것은 당연하다. 최선의 노력을 기울인다면 반드시 길은 열린다. 한 가지를 해내면 '하길 잘 했어', '나도 할 수 있잖아' 하는 자신감이 생겨 다음 일에 도전할 때 디딤돌이 된다.

만에 하나 실패해도 아쉬워하지 말자. '실패는 성공의 어머니'라고 했다. 역사상의 수많은 발명이나 발견은 실패에서 중요한 교훈을 얻고 그 교훈을 스승 삼아 끊임없이 노력한 결과로 얻어진 것임은 잘 알고 있으리라. 물론 실수는 적을수록 좋겠지만 실수를 통해 배우는 것도 많을 것이다. 주눅들지 말고 그 교훈을 다음 도전에 밑거름으로 쓰면 된다.

그리고 만약 당신이 그 실수 때문에 상사에게 호된 질책을 받았다 해도 당신처럼 실수를 거듭하고 당신처럼 혼이 났기에 그 상사도 오늘이 있을 것이다.

  사람은 누구나 실수나 실패를 통해 성장한다. 그렇게 생각하면 실수를 두려워하거나 실패로 우울해 할 필요는 없을 것이다.

일
≠ 인생

입사한 대부분의 사람들은 회사나 일을 생활의 중심에 놓게 된다. 하지만 '일=인생'이 아니라는 것을 항상 염두에 두자.

물론 하루의 일상을 살펴보면 24시간 중에 회사에 있는 시간이 8시간, 출퇴근하는 시간이나 야근까지 합치면 10~12시간이니 잠을 자는 6~8시간을 제외하면 일어나 있는 시간의 대부분을 일과 관련해서 보내고 있는 것이다.

이렇게 보면 어쩔 수 없이 '일=인생'이라고 생각하게 되지만, 비슷한 시간을 사용하고 있는 잠에 대해서는 '잠=인생'이라고 생각하는 사람은 없을 것이다. 잠은 살아가기 위해 꼭 필요한 것이지만 우리가 잠을 위해서 살고 있는 것은 아니기 때문이다.

그렇다면 일도 마찬가지로 생각해 볼 수는 없을까? 평균수명이 길어 진 요즘은 퇴직 이후의 삶도 아주 길 수밖에 없다.

일에서 큰 실수를 저질렀을 때 자기 인생이나 성격까지 탓하며 괴로워하는 사람들이 있다. 일에서 저지른 실수는 일에서 끝내야 한다.

도산이나 폐업을 경험한 기업경영자들이 만든 모임 '팔기회'의 회장은 신문에서 이런 말을 했다.

"회사가 망한 대부분의 경영자들은 자살을 생각할 정도로 괴로워한다. 하지만 도산은 경영에 실패한 것이지, 인생이 실패한 게 아니다. 시련을 극복하는 것이 중요하다."

참고로 이 모임의 이름인 팔기회는 '칠전팔기'에서 따왔다고 한다.

일에서 실수나 실패를 했을 때 그것을 괴로워만 하거나 자신을 비하해서는 안 된다. 원인을 철저히 밝혀내고 다시 일어서는 것이 가장 중요하다.

자네는 왜 늘
그 모양인가

"대체 일을 왜 그렇게 하나? 미리미리 준비하지 않고 뭘 했어. 아무튼 자네는 늘 그 모양이야. 지난번에도······."

당신은 고분고분 듣고 있지만 마음 속으로는 '또 시작이다. 어휴! 네네, 압니다, 알아요, 으이구'하며 혀를 찬다.

이 정도로 꿋꿋하다면 좋겠지만, '나는 정말 안 되는구나' 하고 좌절하거나 '아, 짜증나' 하고 부글부글 끓으며 필요 이상으로 스트레스를 받으면 그건 문제다.

상사에게 설교를 듣거나 야단맞고 마음에 상처를 입는 사람은 이렇게 생각해 보자.

사람들 중에는 야단치기 쉬운 타입이 있다. 상사는 딱히 당신이 미워서 야단치는 것이 아닐지도 모른다. 같은 부하라도 왠지 야단치기 껄끄러운 타입이 있기 때문에 전체적으로 주의를 주고 싶은 경우 어쩔 수 없이 희생양, 즉 야단치기 쉬운 부하에게 화살이 돌아가는 것이다. 대개 그런 상사는 야단치는 부하에게 오히려 친근감을 갖고 있기 마련이다. 어쩌면 당신이 두드리면 두드리는 만큼 성장하는 타입이라는 기대가 있기 때문에 야단을 치는지도 모른다.

말하자면 그런 사람은 웬만큼 싫은 소리를 들어도 주눅들지 않는다는 평가를 받고 있는 것이다. 그리고 주위로부터도 신뢰받고 인기 있는 사람일 경우가 많다. 하지만 언제나 도맡아 야단만 맞고 있다 보면 참는 데에도 한계가 올 것이다.

그럴 때는 어쨌든 낙천적으로 생각하자. 점점 나쁜 방향으로 생각을 몰아가면 스스로 앞길을 막게 될 뿐이다.

이를테면 상사의 설교를 '신의 계시'라고 생각해 보자. 아무리 계시와는 거리가 먼 잔소리라도 조금만 귀를 기울여보자. 요는 생각하기 나름이라는 것이다. 싫다, 짜증난다, 화난다 등의 생각만 하기 보다는 훨씬 마음이 편하지 않을까?

더욱이 상사의 설교 속에도 어떤 진리가 들어 있을 것이다. 상사의 잔소리는 정말 어떤 '계시'일 수도 있다. 지금의 당신에게 모자란 점을 상사의 입을 통해 신이 가르쳐주고 있는지도 모른다. 상사의 얼굴이 신으로 보일 정도라면 당신도 이제 삶의 달인이다.

도저히 맞지 않는
상사를 대할 때

어떤 회사, 어떤 직장에도 자기와 맞지 않는 사람이 있기 마련이다. 학창시절이나 사적인 자리라면 그런 사람을 상대하지 않으면 그만이지만 직장이기 때문에 그럴 수도 없다.

더욱이 그 맞지 않는 사람이 직속 상사라면 하루하루가 가시방석에 앉은 기분일 것이다. 스트레스도 쌓인다. 부서 이동이라도 뜻대로 되어주면 좋으련만 그것도 여의치 않다. 결국 그 상사와 매일 부딪힐 수밖에 없다.

그런데 싫은 상사에는 두 가지 타입이 있다. 하나는 누구나 싫어하는 타입, 또 하나는 왠지 자신과 안 맞는 타입이다. 누구나 싫어하는 타입의 상사는 대개 꼬치꼬치 따지는 성격이거나 자기 과시욕이 강한 성격의 소유자다. 따지기 좋아하는 상사에게는 딱딱하고 진지하게 대하는 수밖에 없다. 농담이 안 통하기에 너무 밝게 대해도 반감을 산다.

자기 과시욕이 강한 상사는 적당히 추켜주어 기분을 맞추면 된다.

그런데 성격상 도저히 맞지 않는 상사가 있을 때는 어떻게 할까? 이럴 때는 일종의 노출요법과 같은 방법을 쓴다. 바로 상사에 대해 철저하게 연구하는 것이다.

누구나 경험이 있을 테지만 사람은 어떤 특정 사물을 보거나 상상만 해도 공포에 사로잡히는 경우가 있다. 어떤 사람은 나비를 무서워하기도 하고 어떤 사람은 날카로운 칼날에 소름 끼쳐 하는 등 대상은 다양하다.

이런 막연한 공포를 극복하려면 공포의 대상을 철저히 연구하는 방법이 효과적이다. 예를 들어 '나비 공포증'을 극복하려면 우선 나비에 대한 공부를 한다. 곤충에 관한 책을 읽거나 도서관에서 도감을 보는 등 나비의 생태, 종류, 습성 등을 조사해서 나비 박사가 된다. 그러다 보면 나비의 본 모습을 알게 되어 막연한 공포는 사라진다.

자기와 맞지 않는 상사를 대할 때도 이런 방법을 쓰면 좋다. 싫다고 피하지만 말고 그 상사의 사고방식이나 성격을 파악하는 것이다. 본래 상사는 부하를 관리 감독하는 기업 입장에서 말하는 반면 부하는 일이 재미있느냐 없느냐 하는 자기중심적인 입장에서 말하기 때문에 서로 오해나 적의가 생기기 쉽다. 혹은 그 상사가 부하인 당신에게 지나친 요구를 하고 있는지, 아니면 당신 자신이 애초부터 일할 의욕이 없는 것은 아닌지 냉정하게 판단할 필요도 있다. 그러면 지금까지 짜증스럽기만 했던 상사를 다른 시각으로 볼 수 있을 것이다. '내가 변하면 상대도 변한다'라는 마음가짐으로 사람들을 대해야 한다.

그런 사람인 줄은
몰랐어요

거래처에서 또는 회사 내에서 자기가 싫어하는 사람과 이야기해야 할 때 그렇게 마음이 무거울 수가 없다. 그것이 거듭되면 더욱 그렇다. 하지만 이것은 직장만이 아니라 모든 일상생활에서도 우리가 이따금 부딪히는 피할 수 없는 현실이다. 그 해결책은 한 가지밖에 없다. 참고 넘어가는 것이다.

싫다고 해서 비아냥대거나 모난 소리를 하면 상대는 불쾌감을 느껴 관계가 더욱 악화될 뿐이다. 그렇다고 마음에도 없이 싱글벙글 웃으며 친한 척을 하면 부자연스럽다. 불쾌한 감정을 드러내지 않도록 주의하며 자연스럽게 대응하는 것이 최선이다.

그러나 처음 만났을 때의 인상이 썩 좋지 않아도 만나다 보면 차츰 상대에게 호감을 느끼는 경우도 있다. 인간에게는 원래 숨겨진 내면이라는 것이 적지 않게 존재한다. 한두 번 만난 정도로 그 사람의 모든 것을 알았다고 할 수는 없다.

한때 나는 라디오에서 인생상담 코너를 한 적이 있다.

이 코너를 진행하면서 느낀 것은 인간의 안목이란 생각보다 미덥지 못하다는 점이었다. 이를테면 "그런 사람인 줄은 몰랐어요" 하는 사람은 안목이 부족했던 것이다. 좋은 사람인 줄 알았지만 아니었다. 그렇다면 반대로 싫었던 사람이 좋아질 가능성도 있다는 뜻이다.

인간관계를 원활하게 하기 위한 포인트 중 하나는 다른 사람의 좋은 면을 바라보는 것이다.

인간관계가 삐걱거리면 흔히 상대의 인간성을 들어 공격하기 쉽지만 그렇다고 사람이 쉽게 변하지 않는다. 그러니 '좋은 면을 찾자'라는 생각으로 사람을 대하는 편이 훨씬 낫다. 당신 주위를 봐도 '모든 면에서 좋은' 사람은 흔치 않을 것이다. '이런 점은 좋지만 이런 점은 싫다'라고 느끼면서, 미묘한 균형을 유지하며 관계를 진전시키는 것이 보통이다.

나쁜 기억이 있더라도 결점은 눈감아주면서 '이것만 고치면 참 좋은 사람인데' 하고 넘겨버리면 된다. 그러면 마음에 여유가 생길 것이다.

아무리 싫은 상대라도 반드시 장점은 있다. 결점만 보고 이러니저러니 비판만 하지 말고 그 장점을 보며 대해보자.

인간관계란 자기가 어떻게 마음 먹는지에 따라 달라질 수 있는 것이다.

인간관계는
80퍼센트로 충분하다

 합리적이지 못한 말을 하는 상사, 멋대로 구는 부하……. 사내 인간관계가 불편한 것만큼 기운 빠지는 일도 없다. 어찌됐든 깨어있는 시간의 대부분을 보내는 장소이고, 무엇보다 생활의 기반이 되는 곳이니만큼 "내일부터 출근 안 하겠습니다" 하고 간단히 정리할 수도 없는 노릇이다.

 삼십 대 후반의 한 건설회사 과장은 '부장'이라는 말만 들어도 순식간에 혈압이 오르고 얼굴이 달아오르면서 속이 안 좋아진다. 반년 전 일에서 있었던 실수를 가지고 부장에게 심하게 질책 당한 뒤로 이러한 증상이 나타나게 됐는데, 진찰해보니 고혈압이라고 한다. 상사에 대한 스트레스가 쌓이고 쌓여 몸에도 영향을 미칠 만큼 악화된 것이다.

이런 상대와 원만히 지내려면 어떻게 해야 할까?

우선은 상대에 대한 과도한 기대를 버리자. 당신은 자기 생각을 상대가 완전히 이해해주기를 바라고 있던 것일지도 모른다. 또 상대가 완벽하기를 바라고 자신이 바라는 대로 행동해주기를 원했던 것일 수도 있다. 기대가 있기에 실망도 있고 그것이 스트레스가 되는 것이다.

반려동물에게서 힐링을 느끼는 것은 '이랬으면 좋겠어, 이래야만 해' 하는 기대를 하지 않기 때문에 그 존재만으로 기쁨과 위로를 받을 수 있다.

인간관계란 원래 조금이라도 서로 이해할 수 있다면 충분한 것이다. 그럼에도 '조금 더' 하고 바라거나 '꼭' 그래야 한다는 감정을 일방적으로 가지는 것은 사치라 할 수 있다. 그리고 이런 마음은 자신과 상대 사이에 벽을 만드는 요인이 되기도 한다.

완벽한 인간관계를 바라서는 안 된다. 완벽을 바라면 부족한 것만 눈에 띄기 마련이다.

나는 늘 80퍼센트를 강조한다. 80퍼센트 정도의 만족일지라도 서로 이해하게 된 부분을 감사히 여겨야 한다. 나머지 20퍼센트는 미지의 영역으로 남겨두자. 이 미지의 영역이 당신에게는 여유가 된다. 사람과 사람 사이의 관계는 모르는 20퍼센트가 있기에 더 재미있는 것이다.

상대에게 100퍼센트를 기대해서는 안 된다. '80퍼센트로 충분하다'라고 생각하자.

믿을 사람이 하나도 없다

 상사를 못 믿겠다. 동기도 후배도 믿을 사람이 하나도 없다. 이런 인간불신에 빠지면 매우 괴롭고 외로워진다. 그들과는 매일 얼굴을 맞대야 하니 이직이라도 하지 않는 한 계속 이 고독을 안고 살아야 한다고 생각하면 마음이 얼마나 무거울까.

 그러나 기업은 이윤을 추구하기 위한 곳이다. 회사가 크면 클수록 개인의 존재는 무시당한다. 그리고 그 안에서 일하는 사람들은 자기 자신이 제일 우선이다. 그렇게 아껴주던 상사도 자기에게 불리하다 싶어지면 부하고 뭐고 내팽개칠지 모른다. 아무리 친하던 동기도 자기 출세를 위해서는 동료를 배신할지도 모른다. 그것은 당연한 일이다.

그것을 일일이 걱정하고 회사 사람들에 대한 불신을 쌓으며 고독에 시달리면 전신권태, 피로감, 두통, 현기증, 불면증 등 우울증 증세를 유발할 수도 있다. 개중에는 이런 증상이 악화돼 자율신경 실조증이나 심신증까지 일으키는 사람도 있다.

인간불신이나 고독감에 빠지면 혼자서만 끙끙 앓지 말고 어떤 '도피처'를 마련하는 것이 좋다. 그것이 대인관계를 원활하게 하는 방법이다.

"직장인은 술과 더불어 일을 한다."

누군가 이런 말을 했는데, 이것은 명언이다. 이를테면 학창시절 친구들과 어울려 한잔하며 우울한 기분을 풀어버리고 나면 다음날에는 후련한 마음으로 일에 몰두할 수 있게 되는 식이다.

처세술에 능한 사람이나 늘 활기찬 사람은 아마도 자기 나름의 도피처를 여러모로 마련해 두고 있는 사람일 것이다.

물론 당신 자신에게 협조하는 마음이 없어서 고독을 느낀다면 그것은 소외에 의한 것이다.

자기주장이 강하고 다른 사람의 이야기에 귀 기울이지 않는 사람은 조직에서 정상적인 대인관계를 유지하기 힘든 법이다.

자신의 말과 행동을 다시 돌아보고 고칠 점은 고친다면 다소 시간이 걸리겠지만 당신 주위에 사람들이 모여들 것이다.

왜 회사는
나를 인정해주지 않을까

 회사에서 일하는 이상 누구나 남들로부터 정당한 평가를 받고 싶은 마음이 있을 것이다. 회사에서의 평가는 지위나 급여에 직접적인 영향을 준다. 평가가 낮으면 화가 나기도 하고 비굴해지기도 할 것이다.

 하지만 그렇게 생각하기 전에 본인이 자기 자신을 어떻게 평가하고 있는지 냉정하게 생각해 볼 필요도 있다. 자기 능력을 지나치게 높이 평가하면 아무래도 주위의 시각과 차이가 나기 마련이니까.

 물론 사람은 누구나 자존심이 있다. 그렇기 때문에 객관적인 평가보다 주관적인 평가가 높은 것은 당연하다.

젊을 때는 아무래도 자기 능력을 과신하는 경향이 있다. 그것도 일에 대한 의욕이 있어서라고 볼 수 있지만 도가 지나치면 '왜 회사는 나를 인정해주지 않을까' 하는 불만으로 변한다. 이러면 아무리 적극적으로 의욕을 보이려 해도 마이너스로 작용하기 십상이다.

그럴 때는 냉정하게 자신을 돌아보자. 왜 자신에 대한 평가에 이런 차이가 있을까? 왜 나의 가치를 알아주지 않을까?

자신의 잠재능력을 높이 평가하는 것은 누구나 할 수 있다. 그러나 사회는 잠재능력을 능력으로 인정해 주지 않는다. 겉으로 드러나지 않는 능력은 적어도 회사 입장에서는 쓸모 있는 능력이 아니기 때문이다. 그러므로 평가가 낮다고 생각되면 우선 자신의 잠재능력을 끌어내기 위한 노력부터 해야 한다.

회사나 주위에 대해 불평을 늘어놓아도 상황은 절대 달라지지 않는다. 스스로 노력하지도 않고 불만만 쌓는 사람을 누가 평가해 줄 것이라 생각하는가?

먼저 남들의 평가와 자기 평가를 비교해 본다. 바로 그 차이 속에 자신이 살아남을 방법이나 어필해야 할 부분이 분명 있을 것이다.

회사를 그만두려고
결심했을 때

만약 당신이 정말로 더 이상 견딜 수 없다면 회사를 그만두는 것도 한 방법이다.

요즘은 이직을 하는 경우가 워낙 많다 보니 나쁠 것도 없지만, 그래도 사표를 내기 전에 다시 한 번 냉정하게 생각해 보기 바란다.

그만두는 이유가 혹시 특정 누군가의 잘못 때문이라며 남의 탓을 하고 있는 것은 아닌가? 그만두려고 결심했을 때, 감정적으로 흥분해 있지는 않았는가? 독단적이고 자기중심적인 안이한 생각은 없었는가?

이들 중 어느 것 하나에라도 해당한다면 사표는 잠시 접

어두는 것이 좋다.

회사 일이란 원래 즐겁기만 한 것이 아니다. 아니, 오히려 힘들고 괴로울 때가 훨씬 많다. 그 괴로움을 도피로만 해결하려 든다면 그것은 정말 문제이다. 아무리 힘들고 어렵더라도 될 수 있는 한 적극적으로 그리고 즐겁게 일을 처리하려는 의욕이 있어야 한다.

우울증 증상에 빠져 돌발적으로 회사를 그만두고 싶어하는 사람도 있다. 그럴 때 내는 사표는 본인으로서는 진심이겠지만 그것 역시 냉정하게 생각하고 결정한 일은 아니다.

나는 사표를 절대 내지 말라고는 하지 않는다. 정신이 안정되지 않았을 때 사표를 내서는 안 된다는 것을 말하는 것이다.

다 때려치우고 싶은 일시적인 감정에 휘말리지 말고 자신의 진심을 잘 파악한 다음에 결정해도 결코 늦지 않다.

나이가
무슨 상관인가

 경기는 바닥을 벗어났다지만 세상은 아직도 불황의 그늘이 짙게 드리워져 있다. 여전히 도산하는 기업이 줄을 잇고 대기업의 경영위기도 드문 일은 아니다. 대기업에서 중소기업까지 모든 기업들이 살아남기 위해 선택한 임금삭감, 구조조정, 정리해고 바람도 여전히 휘몰아치고 있다.

 중장년층은 물론 젊은 사람도 언제 등 떠밀려 나올지 모르는 세상이다.

 인재파견 회사나 고용안정센터 등에는 구조조정으로 퇴직하거나 다니던 회사의 도산으로 실직한 사람들이 매일 아침 일자리를 찾아 장사진을 이룬다. 그들은 구인광고를 열심히 뒤적이거나 취업 관련 웹사이트에서 구인정보를 찾지만 원하는 직장은 좀처럼 눈에 띄지 않는다.

이들의 안타까움과 고민은 말로 다할 수 없을 것이다. 이들 중에는 가벼운 우울증이나 심신증에 시달리는 사람도 있을 것이다.

나는 "힘내세요, 오늘은 힘들어도 내일이 있잖아요" 하는 무책임한 격려를 하려는 것은 아니다.

하지만 지금까지의 생활환경을 완전히 바꿀 수 있느냐 없느냐에 새 인생을 여는 열쇠가 있다고 생각한다. 체면이나 위신, 다른 사람의 평가는 전혀 신경 쓰지 말고 자기 마음에 정직하게 물어보자. 급여가 낮아도 좋다, 아르바이트라도 좋다, 때로는 부모 형제에게 의지해도 좋다 등등의 어떤 계기를 찾아내어 새롭게 각오를 굳힐 수 있다면 분명 풍요로운 인생을 창조할 수 있을 것이다.

그리고 정리해고 당했다는 이유로 자기가 쓸모 없는 인간이라는 생각은 절대 금물이다. 회사의 평가는 절대적인 게 아니다. '자기 이익밖에 모르는 회사라는 집단의 평가 따위 믿을 게 못 돼!' 하고 당당하게 생각하자.

새 인생을 시작하는데 나이가 무슨 상관인가. 언제 은퇴

해야 한다고 못박아놓은 것도 아닌데. 삶의 보람과 기쁨, 마음의 여유를 재발견하는 것, 이것이야말로 앞으로 남은 인생에 필요한 일이다.

그런 마음이 정리해고나 도산이 일상화된 현대를 살아가는 힘이 될 것이다.

멋지게
지는 방법

도산, 정리해고, 업무상의 실수, 좌천, 임금삭감……. 이런 일들은 인생에서 일어나지 않는 것이 최선이다. 그러나 만약 불행하게도 당신에게 이런 일들이 생긴다면, 인생의 패배자가 되었다는 생각으로 우울한 감정에 빠질 것이다.

업무상 중대한 실수를 하게 되면 사람은 인생 자체를 잘못 살았다고 생각할 수 있다. 하지만 업무상의 실수는 일 때문에 생긴 것이다. 설령 그 실수가 당신의 인격 때문이었다고 해도 당신이라는 인간 자체를 부정할만한 일은 절대 아니다.

직장에서 실수를 하면 인생도 끝장이라고 믿어버리는 당신의 고지식함이 문제를 악화시키는 것인지도 모른다. 거듭

말하지만 인생이란 언제나 궤도수정이 가능하며 선택의 여지는 얼마든지 있다.

물론 인간에게 일이란 자신의 긍지와 직결될 수 있다. 그 긍지가 강한 사람일수록 일이 잘 안 되거나 직장을 잃게 되면 신체의 일부가 떨어져나가는 듯한 쓰라림을 경험한다. 많은 사람들이 나를 한심하게 여기지는 않을까 하는 그런 마음을 갖는 것도 충분히 이해할 수 있다.

그렇다고 돈을 많이 벌고 소위 '잘 나가는' 사람들만이 가치 있고 훌륭한 사람일까? 경쟁에서 밀려난 사람들은 세상에 필요 없는 존재일까?

알 만한 사람들은 다들 알고 있다. 어떤 상황에서라도 절차탁마 하면서 자기가 살 길을 모색하는 모습은 아름답다. 만약 당신에게 가족이나 소중한 사람이 있다면 그런 모습을 솔직하게 내보이면 된다.

인생은 호락호락하지 않다. 이길 때보다 질 때가 더 많을지 모른다. 그렇기 때문에 지는 싸움을 어떻게 잘 마무리할 것인가가 더욱 중요해진다. 멋지게 지는 방법 그리고 '지는 게 이기는 것'이라는 여유 있는 삶의 태도를 익힐 때 당신의 매력은 그 무엇과도 바꿀 수 없을 것이다.

나는 일을 위해
존재하지 않는다

나는 카멜레온 같은 인간이다. 요리조리 기분전환을 하는 것이 특기이다. 호기심이 많아 무슨 일에나 참견하고 끼어든다.

본업은 정신과 의사지만 글도 쓴다. 여행을 좋아하며 비행기 마니아이기도 하다. 여러 단체에도 관여하고 있다. 부탁을 차마 거절하지 못해 시작한 것도 있고, 하다 보니 마음에 들어서 계속하는 일들도 있다.

그런데 글을 쓰게 되면서 깨달은 것이 있다. 한 줄 한 줄 글을 이어가는 것은 더할 나위 없는 기분전환의 한 방법이라는 것이다. 생각지 못한 발견은 또 있었다. 글을 쓸 때 움직이는 두뇌는 다른 작업, 가령 환자를 진찰할 때와 전혀 달랐다.

글쓰기만이 아니라 음악을 듣거나 그림을 그리거나 노래를 부르거나 스포츠를 하는 등 활동에 따라 두뇌는 각각 다르게 움직인다.

즉, 하던 일을 멈추고 다른 종류의 일을 하면 두뇌의 움직임도 달라진다.

이것을 이용하여 일에 지친 마음과 기분을 전환시켜 보자.

마음을 쉽게 다친다는 사람들 중에는 취미가 없는 사람이 많다. '일이 우선'이라는 성실한 마음이 취미나 오락으로 기울고 싶은 마음을 가로막고 있는지도 모른다. 그래서는 우울한 마음이 좀처럼 가시지 않는다. 그럴 때에는 일이 아닌 다른 것을 과감하게 시작해 보는 것이 좋다.

'나'는 '일'을 위해 존재하지 않는다. '나'를 위해 '일'이 존재하는 것이다. 진정한 자신을 되찾기 위해 좀더 자신의 호기심을 충족시켜보는 것은 어떨까.

3장

정말 어려울 때는 아무도 도와주지 않는다

오늘
애 많이 썼어

'나의 이런 점은 싫어. 저런 점도 싫어.'

아무리 봐도 자신의 결점밖에 보이지 않거나 열등감에 사로잡혀 자기혐오에 빠졌을 때 인간은 가장 크게 낙담하고 고민하게 된다.

그러나 자신을 아끼고 좋아하는 것은 생각만큼 어려운 일이 아니다.

당신이 생각하는 자신의 결점을 '일탈'이나 '편향성'이라고 바꿔 불러보자. 원래 '개성'이란 아무리 뛰어난 재능이나 미덕이라 해도 그 본질은 '일탈'이고 '편향된' 것이다.

그런데 자기나 다른 사람들을 행복하게 할 수 있는 것

은 '개성'이라 부르고, 반대로 불행하게 만드는 것은 '일탈'이나 '편향성'이라며 꺼리는 경향이 있다. 그러나 이것들도 '개성'으로 바꿀 수 있다. 내가 흔히 쓰는 방법을 하나 소개해 보겠다.

나는 여러 모임의 회장이나 이사직을 맡고 있다. 그래서인지 많은 사람들은 나를 아주 사교적인 사람으로 본다. 하지만 내 안에는 다른 사람들이 상상도 못할 만큼 폐쇄적인 성향이 있다. 모임 시간이 가까워지면 갑자기 사람들을 피해 숨어버리고 싶어지기도 한다.

이처럼 자신의 싫은 부분이 고개를 쳐들기 시작하면 나는 내 자신에게 이렇게 말하곤 한다.

'그래도 지난번 모임에서는 즐거웠잖아? 오늘도 참석하면 꼭 재미있는 일이 있을 거야.'

'오랜만에 만나게 됐다며 좋아하는 사람도 와 있어. 그 사람을 만나서 이야기하면 되잖아?'

그리고 무사히 모임이 끝나면 나 자신에게 이렇게 칭찬해 준다.

'오늘 애 많이 썼어.'

어쩐지 말을 잘 듣지 않는 아이를 어르고 달래는 것 같다.

하지만 어른도 때로는 자신을 어르고 칭찬하는 것이 필요하다. 칭찬을 먹고 자라는 것은 결코 아이들만이 아니다. 칭찬이란 자신의 싫은 점을 인정하면서 그것을 잘 살릴 수 있는 자리를 찾아가기 위한 과정이다. 그렇게 나 자신을 자꾸 칭찬하다 보면 그 싫은 점도 남들을 기쁘게 하는 장점이 될 수 있다.

그리고 언젠가는 스스로를 칭찬하기 전에 주위에서 당신을 칭찬하게 될 것이다.

마음의
응어리를 푸는 방법

 정신적 또는 신체적인 공격을 받거나 부당한 취급을 받으면 우리는 화가 난다.

 그럴 때 어떻게 반응하는지는 그 사람의 성격에 따라 달라지고 상대나 상황에 따라서도 다르게 나타난다.

 그 자리에서 바로 감정을 폭발시켜 역공을 하는 사람은 이른바 '폭발형' 인간이다. 또 금방 터뜨리지는 않지만 분노를 자기 안에 차곡차곡 쌓아두고 나중에 보복하는 사람도 있다. 이른바 '뒤끝형' 인간이다.

 이것과는 다른 타입으로, 화가 나도 그 자리에서 터뜨리지 않고 자기 안에 꽁꽁 감추는 사람이 있다. 그렇다고 뒤끝을 남기는 것도 아니고 그저 화를 참고 삭히는 것이다. '나도 잘못했으니까' 하고 생각하며 잊어버리려고 한다.

이른바 '자기억제형' 인간인데, 만약 당신이 다 때려치우고 싶은 감정을 이런 식으로 자책하며 억누르기만 한다면 이것은 문제가 있다.

그런 식으로 나쁜 감정을 처리하려고 하지만 억울함이나 분노는 결코 사라지지 않는다. 마음의 무의식 속에 가라앉아 있을 뿐이다. 발산되지 못한 분노는 이렇게 마음에 쌓여 큰 스트레스로 자라난다. 그리고 그런 일이 지속되면 우울증이나 화병을 일으키는 요인이 된다.

이런 사람은 화를 제대로 발산하는 방법을 모르기도 하지만 어딘가에 '감정을 드러내는 것은 좋지 않다'는 생각을 하는 것은 아닐까.

그런 생각에 얽매여 있으면 분노와 억제라는 악순환이 반복되어 정작 화를 내야 할 때에도 내지 못하게 된다.

물론 때와 장소에 따라서는 감정을 솔직히 드러내는 것이 좋지 않게 비칠 수도 있다. 그러나 당신이 평소에 감정을 억누르고 살아왔다면 한번쯤 터뜨린다 해도 주위에서 눈총을 주지는 않을 것이다. 오히려 '그 순한 사람이 저럴 정도니 정말 화나는 일이 있었나 보다' 하고 생각해 줄 것이다.

물론 무턱대고 화를 낼 필요는 없다. 하지만 터무니없는 오해를 받았거나 부당한 취급을 받았을 때는 화를 내는 편이 좋다는 뜻이다.

정신요법 중에는 '표현요법'이라는 것이 있다. 마음에 담아둔 울분이나 화를 끄집어내어 밖으로 표출함으로써 맺힌 응어리를 푸는 방법이다. 감정을 토해 내면 마음이 후련해질 뿐 아니라 활력도 샘솟고, 이야기하고 싶은 마음과 자기를 표현하고 싶다는 생각이 강해진다.

평소에 자기 감정이나 하고 싶은 말을 묻어두지 말고 겉으로 드러내도록 노력해 보자. 그런 훈련을 쌓아가다 보면 부정적인 감정을 속으로 삭히며 괴로워할 일도 없어질 것이다.

나를 좋아해 주는
사람이 없어요

　사람들이 왠지 나를 싫어하는 것 같고 주위에서 나만 비난하는 것 같은 마음이 들어 답답하다면 먼저 이 점부터 확인해 보자.

　당신은 혹시 평소에 남들을 비난하는 경향이 크지 않은가?

　"나를 좋아해 주는 사람이 아무도 없어요" 하고 고민하는 한 여성이 있었다. 하지만 그녀의 이야기를 들어보니 그녀에게는 도무지 마음에 드는 사람이 없었다.

　"저 사람은 저래서 싫고, 이 사람은 이래서 싫고……."

　주위에는 온통 싫은 사람뿐이었다.

　이러니 남들인들 자기를 좋아해 줄 리 만무하다. 그

녀는 사랑 받지 못하는 것이 아니라 남을 사랑할 줄 모르는 사람이다.

다른 사람에게 지나치게 엄격하고 비판적인 사람들은 대개 자기만 피곤해진다. 이를테면 어떤 사람을 두고 "저 사람은 업무처리 방법이 틀려먹었어" 하며 노골적으로 비판했다고 하자. 그러면 비판한 사람은 다시는 그 방법을 쓸 수 없게 되고 만다. 언젠가 마음이 바뀌어 그 방법을 사용하고 싶어져도 자기 입으로 '틀려먹었다'라고 말한 그 방법을 쓸 수는 없을 것이다.

또 "사내 대장부는 이래야지, 저런 녀석이 무슨 남자야?" 하고 누군가를 비판했다고 하자. 그러면 자신도 언제나 자기가 말한 남성상을 유지해야 한다는 부담이 생긴다. 그러지 않으면 주위에서 "저런 사람이 무슨 남자야?" 하고 놀리는 듯한 기분이 들기 때문이다.

남에게 "~해서는 안 된다", "~해야 한다", "~하지 않으면 안 된다" 등의 말을 많이 하면 할수록 자신도 해야 할 일과 하지 말아야 할 일이 그만큼 많아지고 운신의 폭이 좁아질 수밖에 없다.

요컨대 인간관계란 언제나 주는 대로 받는다는 말이다.

남에게 친절한 사람은 본인도 친절한 대우를 받는다. 남에게 너그러운 사람은 잘못을 했다고 해도 너그럽게 용서받을 수 있다. 남을 사랑할 줄 아는 사람은 남들로부터도 사랑을 받는다. 세상은 원래 그렇게 만들어져 있기 때문이다.

불행해질 수밖에 없는
인생이란 없다

 현재 자신이 처한 상황이 어려우면 사람은 흔히 지난날을 떠올린다.

 '옛날에는 나도 참 잘 나갔는데.'

 '전에는 아무하고나 잘 지냈고, 인간관계가 이렇게 어렵지 않았는데.'

 이렇게 옛날의 좋은 기억들을 되살려 향수에 젖다가 이윽고 현실로 돌아온다.

 그럴 때 '다시 그 시절의 나로 돌아갈 수 있을 거야' 하고 의욕을 불태운다면 얼마든지 추억에 젖어도 좋다. 그러나 현실에서 도피하기 위해 과거의 아름다운 추억에만 매달리는 사람이 있다. 그리고 그 수가 결코 적지 않다. 이런 사람은 다시 현실과 직면하게 되면 어려움을 받아들이지 못하고 다시 과거로 도피하여 상황은 전혀 개선될 기미를 보이지 않는다.

하지만 생각해 보자. '그 시절'에는 정말 모든 일이 늘 좋기만 했을까?

돌아보면 기억하고 싶지 않은 일들도 많지 않았을까?

인간은 과거를 미화시킨다. 조금 좋았던 일도 더할 수 없이 행복한 일로 기억되기도 하고, 나빴던 일도 다른 구실을 달아 결과적으로는 좋았던 일로 해석하기도 한다. 심하게 말하면 지금 떠올리는 과거의 사건들이 모두 사실은 아닐 가능성마저 있는 것이다.

어쩌다 과거를 떠올리며 향수에 젖는 것이 나쁘다는 말은 아니다. 하지만 그 과거에 푹 빠져 아무것도 할 수 없게 된다면 그것은 큰 문제다.

그런 사람들은 생각을 이렇게 한번 해보자.

그저 잊고 있을 뿐이지 과거에도 나쁜 일은 많이 있었다. 그렇다면 지금 겪고 있는 나쁜 일도 언젠가는 잊혀질 것이다. 어쩌면 지금의 괴로움도 언젠가 과거를 회상할 때 좋은 추억으로 남을지 모른다. 그러니 현재의 사소한 기쁨을 소중히 여기자. 언젠가는 크나큰 기쁨으로 떠오를 테니까.

현실이 힘들고 괴롭다는 마음은 충분히 이해할 수 있다. '과거의 영광'에 매여 현실을 외면하는 사람들에게 나는 이런 메시지를 보내고 싶다.

"당신의 미래는 모두 당신의 것입니다. 당신 자신의 손으로 반드시 바꿀 수 있어요. 불행해질 수밖에 없는 인생이란 없답니다."

언제쯤이면
행복할 수 있을까

'나는 불행해, 정말로 불행해. 좋은 일이라고는 단 하나도 없어. 대체 언제쯤이면 행복할 수 있을까?'

이렇게 자기 인생을 도무지 긍정적으로 보려고 하지 않는 사람이 있다. 하지만 그런 사람도 주위에서 보기에는 충분히 행복한 인생을 보내고 있다.

어느 대기업에 근무하는 사람은 입만 열면 자기가 그 회사에 취직한 것이 얼마나 큰 실수였는지 장황하게 얘기를 늘어놓기 시작한다. 곁에서 보기에는 일류 기업에 취직해 높은 연봉을 받고 있는데도 말이다. 또 가정에 대한 이야기가 나왔다 하면 잘 풀리지 않는 집안 문제나 부부관계에 대해 푸념을 하고 결혼도 잘못했다며 하소연을 한다.

마테를링크의 동화 중에 치르치르와 미치르라는 어린 남매가 행복을 상징하는 파랑새를 찾아 수많은 나라를 여행하는 『파랑새』라는 이야기가 있다. 이 동화에서 이름을 따서 자기가 정말 하고 싶은 일은 따로 있다, 자기에게 어울리는 장소나 자리는 따로 있다고 믿으며 그것을 찾아서 헤매는 것을 '파랑새 증후군'이라 부른다.

이 증후군은 대기업에 입사하고도 몇 년 못 가 그만두거나, 이직을 되풀이하거나, 대학원에 들어가는 등 주로 일에 국한돼 많이 나타나는데 간혹 일상생활에서도 볼 수 있다. 이들은 자신의 현실에 안주하지 않고 이상을 추구한다. 이런 생각 자체는 나쁜 게 아니다. 하지만 상당한 생활수준에 있으면서도 현실에 만족하지 못하고 불만만 늘어놓는다면 고개가 갸웃거려질 수밖에 없다.

아마 이런 사람들에게는 모든 것이 잘못된 것으로 보이는 듯하다. 어떤 일에 대해서든 '이 정도면 됐어' 하고 생각하지 못하는 것이다.

'내가 ~라면', '내가 ~한다면' 하고 자기 가능성을 시험하는 것도 도가 지나치면 결국 수중에 아무것도 남지 않는다.

아무리 과거를 후회해 봤자 현재가 달라지지는 않는다. 또 너무 미래만 좇다 보면 현재는 부실해질 수밖에 없다.

  당신은 자신의 생각보다 훨씬 행복하다. 파랑새를 찾아 헤매던 치르치르와 미치르도 마지막에는 그것이 바로 자기 집에 있었다는 것을 알게 된다. 때로는 걸음을 멈추고 발 밑의 현실을 차곡차곡 쌓아 올려 밝은 미래를 만들어가면 어떨까. 그것이 진정한 행복으로 가는 가장 빠른 지름길이다.

인간관계가
두렵다

 다른 사람을 만나야 한다는 생각만 해도 불안해진다. 상대를 마주하면 가슴이 뛰어서 말도 제대로 못한다. 말하려 했던 것도 잊어버린다. 이래서는 안 된다고 생각할수록 점점 더 주눅이 든다.

 누구나 이런 경향은 있지만 이런 일이 계속되면 인간관계가 두려워진다. 그리고 좀더 사교적이 되어야 한다는 강박관념과 두려움의 틈바구니에서 괴로워하게 된다.

 사람 많은 곳에 가는 게 두렵다. 다른 사람과 이야기하는 것이 서툴다. 적극적으로 나서야 하는 줄은 알면서도 그럴 수가 없다. 만약 당신에게 그런 성향이 있어서 고민이라면 좋은 방법 하나를 소개하겠다.

사교성이 뛰어난 어느 여성은 사전에 아무 정보가 없는 상대를 대할 때면 그 사람이 다른 사람과 이야기하는 것을 5분 정도 들어둔다고 한다. 또는 처음부터 끝까지 상대의 이야기를 듣기만 한다고 한다. 그렇게 상대에 대해 대강 알아둔 다음에 이야기를 하게 되면 화제가 겉돌 염려도 없고 어색함도 덜어진다고 한다. 그리고 공통 화제가 있다면 그 화제를 잘 이용해서 상대와의 관계를 편안하게 만든다는 것이다.

물론 이것은 상급자용 테크닉이라고 할 수 있다.

일반적으로 사람을 잘 못 사귀는 사람은 대개 신경질적이고 내향적인 성격의 소유자다. 또 열등감을 갖고 있는 경우가 많다. 특히 젊으면 젊을수록 세상을 잘 모르고 자신의 능력도 모르며 인생경험도 짧기 때문에 다른 사람을 대할 때 불안이나 두려움을 많이 느낀다.

하지만 그 정도로 두려움에 빠져 마음을 닫아버린다면 상대도 언제까지나 계속 마음을 열어주지는 않는다. 차라리 약간 횡설수설하더라도 커뮤니케이션을 하려고 애쓴다면 때로는 창피를 당하거나 마음 상하는 일이 있을지 몰라도 받아줄 상대가 나타날 것이다.

혹시 실수를 하더라도 '그래 봤자 인간관계인데 뭐' 하고 편하게 생각하자.

인생에는 누구나 실수가 따르는 법인데 대화가 별로였다고 인생이 끝나기야 하겠는가.

다른 사람을 만나기만 해도 얼굴이 붉어지거나 횡설수설하는 자신을 미워하지 말고 경험을 쌓다 보면 나아질 거라고 끈기 있게 자신을 믿어주는 것이 중요하다.

사교성을 키우는 것은 어려운 일이 아니다.

용기와 끈기를 갖고 조바심내지 말고 편안하게 노력하는 것 밖에는 없다.

진심으로
믿을 수 있는 친구

믿을 만한 친구가 좀처럼 생기질 않는다. 만약 이것이 고민이라면 고민하기 전에 주위를 잘 둘러보자.

첫 장에서도 말했지만 누군가 하나 정도는 당신을 이해해줄 사람이 있을 것이다. 주위 사람들에게 당신의 마음을 이해할 능력이 없다고 생각하는 것은 큰 착각이다.

그래도 친구가 없다는 사람은 '친구라면 이러이러해야 한다'라는 이상이나 기대가 너무 큰 것이 아닐까?

설령 당신의 기대를 완전히 채워주지는 못해도 어떤 때에는 힘이 되어줄 수 있다. 친구란 그런 존재다.

분명하게 말할 수 있는 건 '진심으로 믿을 수 있는 친구'

란 그리 쉽게 얻을 수 있는 것이 아니라는 점이다. 술친구나 아는 사이가 될 수는 있어도 진정한 친구가 되어줄 사람은 그리 많지 않다.

그렇다면 그런 친구를 만들기 위해 자신이 먼저 노력하면 어떨까?

생각해 보면 인생에는 많은 만남이 있고 아는 사람을 만들 기회 또한 많이 있다. 학창시절의 학급 친구 같은 관계라면 헤아릴 수 없이 많은 사람을 만나고 헤어졌을 것이다.

하지만 그렇게 무수히 만난 사람 중에 진정한 친구가 한 명도 없다면 그것은 당신이 상대에게 그만한 노력을 하지 않아서일지도 모른다. 친구란 앞마당의 잡초처럼 가만히 놓아두어도 저절로 돋아나는 것이 아니다. 스스로 밭을 갈아 씨를 뿌리고 물을 주고 비료를 주어 키워야 하는 것이다. 즉, 친구를 얻으려면 먼저 친구를 만들기 위해 자신이 어떻게 해야 할지 생각하고 행동해야 한다.

가만히 있어도 상대가 알아서 애정이나 신뢰를 기울여줄 거라고 생각해서는 절대 안 된다.

자기 껍질 속에 틀어박혀 있으면 결코 친구를 얻을 수 없다. 애타게 기다리기만 하면 다정히 어깨를 다독여줄 사람이 나타날 거라는 헛된 기대는 처음부터 버리는 게 좋다.

그러면 구체적으로 어떻게 해야 할까? 좌우지간 밖으로 나가 사람을 만날 기회를 많이 가져야 한다. 동호회나 서클, 스포츠 클럽이나 문화센터 강좌에 등록하는 것도 좋다. 술자리에 초대받으면 되도록 참가해본다. 이처럼 다양한 기회를 놓치지 말고 몇 번이든 나가서 조금이라도 많은 사람과 이야기를 해야 한다. 뿐만 아니라 말을 거는 사람에게는 되도록 정성껏 응대를 하는 것도 좋은 친구를 만나는 방법이다. 그러면서 자기 성격을 조금씩 바꾸어나간다.

커뮤니케이션을 잘하는 비결은 하고 싶은 말이 열 개라도 말할 때는 다섯 개 정도만 하고 상대의 말에 귀를 기울이는 것이다.

믿을 수 있는 친구를 얻으려면 항상 다른 사람을 배려하는 마음을 가져야 한다. 이런 것들을 잊지 않으면 언젠가 당신은 믿음직한 친구들에게 둘러싸여 있을 것이다.

내가 좋아하는 만큼,
너도 나를 좋아해 줘

    누군가에게 배신당한 것만큼 마음 쓰라린 일은 없다. 특히 믿었던 사람의 배신이라면 더욱더 그렇다.

    하지만 그럴 때는 조금 냉정하게 생각해 보자.

    '그 사람은 정말 믿을 수 있는 사람이었을까?'

    인간이란 원래 이기적인 동물이라서 자기가 좋아하는 만큼 상대도 자신을 좋아해주기를 바란다. 실제로는 상대가 그렇게 깊은 관계를 원하지 않더라도 혼자만의 일방적인 생각으로 친밀한 인간관계가 유지되고 있다고 착각하기 쉽다.

    그래서 배신당했다고 생각될 때는 일방적으로 상대에게 너무 큰 기대를 하지 않았는가, 상대의 뜻은 무시하고 내 생각만으로 호의를 밀어붙여 상대방을 부담스럽게 하진 않았는가 등등 자기에게 책임이 없는지를 먼저 생각해 봐야 한다.

상대도 자기만큼의 호의를 갖고 있으리라고 확신하기 때문에 배신을 당했다고 느끼면 그 타격은 더욱더 큰 것이다.

서로가 돈독한 신뢰관계로 묶여 있는 듯 보였어도 사실은 '나 혼자만의 생각이었나 보다, 그렇게 좋은 사이는 아니었나 보다'라고 생각할 수 있으면 마음이 어느 정도 가벼워지지 않을까.

사람들과 좋은 관계를 유지하려면 너무 멀지도, 너무 가깝지도 않은 적당한 거리를 두는 게 가장 좋은 방법이라고 생각한다. 상대를 배려하는 마음이 없어도 안 되고 그렇다고 배려나 간섭이 너무 지나쳐도 안 된다.

철학자 쇼펜하우어의 우화 중에 추위에 떨던 고슴도치 한 쌍이 서로 몸을 맞대고 체온을 나누는 이야기가 있다.

바짝 붙으면 서로가 서로의 가시에 찔리고 떨어지면 추위가 살을 파고든다. 이러기를 몇 차례 반복한 끝에 서로에게 상처를 주지 않으면서 온기를 나눌 수 있는 거리를 발견했다는 이야기다.

인간관계는 불가근불가원不可近不可遠이라고 보면 된다. 이 사실을 명심하면서 사람들을 좀더 여유 있게 대한다면 배신으로 상처 입는 일도 줄어들 수 있을 것이다.

뭘 해도
감동이 없어요

바쁜 생활에 치여 정신 없이 살다 보면 일상생활 속의 신선한 감동을 잊어버리기가 쉽다. 아니, 스스로 감동하기를 거부해 버린다는 것이 옳은 표현일지도 모른다.

감동 없는 하루하루를 보내다 보면 당연히 마음도 어두워진다. 그럴 때는 좀처럼 긍정적인 사고를 하기가 어렵다. 따라서 점점 더 침울해질 수밖에 없다.

여기에 쉽게 피곤해지고 결단력이 떨어지거나 사람들을 만나기 싫어지는 증상이 더해지면 우울증을 의심해 보아야 한다.

최근 무슨 일을 해도 신이 나지 않고 호기심 또한 일지 않는다는 사람들이 많다. 그런 사람은 주위에 있는 아이들을 한번 바라보자. 아이들에게는 눈에 보이는 것, 손에 잡히는 것 모두가 미지의 영역이다. 앞으로 살아가기 위해 모든 것을 학습해야만 한다. 아이들에게는 하루하루가 신선한 감동의 연속이라 해도 과언이 아니다.

그러다 나이를 먹어감에 따라 감동이 옅어진다. 세파에 찌들어 살다 보면 '신선한 감동'은 점점 더 먼 나라 이야기가 되어간다.

나는 잔에 입을 댈 때마다 항상 "좋다!" 하고 소리친다. 의도적으로 하는 행동이 아니라 자연히 그렇게 된다. 식구들은 이제 듣기도 지겹다는 얼굴들을 하고 있다. 하지만 그들의 빈축을 사든 말든 나는 무엇을 마실 때나 첫 모금을 넘기고 나면 반드시 "좋다!"하는 감탄사를 빼놓지 않고 한다.

왜 이러는지 생각해 보니, 나는 아무래도 "좋다!" 하고 외침으로써 스스로를 새롭게 감동시키려는 듯하다. 즉, 나 자신에게 암시를 거는 것이다. 평소와 다름없는 평범한 일상 속에서도 신선한 감동을 추구하려는 마음을 갖는 것은 매우 중요하다고 생각한다.

만약 당신이 감동 없는 나날을 보내고 있다면, '하는 척'

만이라도 좋으니 무언가에 감동해 보자. 인간은 원래 마음먹기 하나에 따라 어떤 일에도 감동할 수 있다. 처음에는 단순한 암시일지 몰라도 감동하는 '척'을 계속하다 보면 어느 날 진정으로 감동하는 마음이 되살아날 것이다.

인생은 이왕이면 즐겁게 사는 편이 좋다. 우울한 기분은 되도록 날려버리고 긍정적인 자세로 하루하루를 사는 게 당연히 좋지 않겠는가. 그러기 위해 빠뜨릴 수 없는 것 중 하나가 사소한 것에 대한 감동이다. 이 감동을 얻느냐 못 얻느냐는 스스로 마음먹기에 달려 있다.

나를 나답게
만들어 주는 것

인간은 여러 가지 콤플렉스로 괴로워한다.

대표적인 것 중 하나가 외모에 관한 콤플렉스이다. 뚱뚱하다, 눈이 작다, 다리가 짧다, 피부가 지저분하다 등등 신체에 관한 것에서부터 머리모양이 잘 안 잡힌다, 무슨 옷을 입어도 어울리지 않는다 등등에 이르기까지 너무도 다양하다. 자신의 외모에 조금이라도 불만스러운 점이 있으면 사람은 우울해지고 때로는 자기혐오에 빠져 늘 그 고민에 시달리기도 한다.

이런 콤플렉스를 해소하는 데에는 사소한 발상의 전환만 있으면 된다.

어느 여성이 이런 아이디어를 주었다. 그녀는 사소한 콤플렉스가 있으면 대화할 때 자기 입으로 말해 버려서 우울한 기분을 발산한다고 한다. 본인은 나름대로 고민하고 있지만 가슴앓이를 한다고 해결될 일도 아니고 남의 시선에 과민하게 반응하기도 싫어서 재미있는 이야깃거리처럼 대화 속에서 풀어버린다는 것이다. 그러면 남들에게 지적 받기 전에 자기 입으로 말해 버렸으니 마음도 편해지고 상대와 자기 사이에 놓인 벽이 허물어지는 기분이 들어 솔직해질 수 있다고 한다. 그러다 보면 콤플렉스도 매력처럼 느껴진다고 한다.

앞에서도 말했지만 콤플렉스란 당신을 당신답게 만들어 주는 아주 중요한 개성의 한 요소이다. 당신이 그 부분을 싫어하면 그것은 결점으로 남지만 콤플렉스를 좋아하면 장점이 되기도 하고 주위 사람들도 독특한 개성으로 인식하게 되는 것이다.

또 '나는 인생의 낙오자야'라거나 '나는 삼류 인간이야'라는 우열에 관한 콤플렉스에 사로잡히는 것도 그만두어야 한다. 이런 것에 연연하며 고민하는 사람은 대개 일류 고등학교에서 일류 대학교를 나와 일류 회사에 취직하는 것만이 성공한 인생이라 믿고 있는 경우가 많다.

그러나 이 '일류'의 기준은 뭘까? 역사가 오래 되어서? 급여가 높아서? 합격 커트라인이 높아서? 주식시장에 상장했으니까? 결국 확실한 기준이란 없다. 그것은 사회가 만든 허상에 지나지 않는다. 절대적인 우열 같은 것은 없다는 말이다. 애초부터 사람의 가치에는 차이가 없다는 것쯤은 잘 생각해보면 알 수 있다. 일류니 이류니 하는 등급은 호텔에나 매기는 것이다. 성공한 인생이란 누가 뭐라 하든 자기가 선택한 길을 가는 것이라고 나는 생각한다.

좀 더
나아지고 싶다

어느 날엔가 텔레비전을 보고 있는데 중학교를 졸업하고 레스토랑에서 수련을 하는 요리사 지망생들의 모습을 취재한 다큐멘터리가 나왔다. 처음에 스무 명 가까이 있었던 아이들 중 혹독한 수련을 견디고 2년 후에도 가게에 남아있는 건 초반에 무엇을 시켜도 엉망이었던 남자아이와 여자아이뿐이었다.

한때 동료였던 아이가 가게를 찾아와 두 사람의 요리를 먹어보고는 "예전에는 내가 더 요리를 잘한다고 생각했는데 이젠 두 사람이 훨씬 뛰어나네요"라며 깜짝 놀라는 모습을 보였다.

다른 아이들에 비해 움직임도 굼뜨고 목소리도 작아 선배에게 혼나기만 했던 여자 아이의 말이 인상적이었다.

"저는 이 일을 그만두면 정말 끝이라서, 다른 일이 없어서 그저 열심히 한 것뿐이에요."

자신의 상황을 자각하고 시간을 들여 노력하면 재능이 뛰어난 사람도 이길 수 있다는 것을 새삼 깨닫게 되었다.

'나는 재능이 없어, 능력이 없어, 뭘 해도 안 돼.'

누구나 한두 번은 이런 생각에 울적해진 적이 있을 것이다. 열등감이란 남과 비교하여 자신이 뒤떨어진다고 느끼는 감정이다. 즉, 열등감을 가지는 것은 자기가 더 나아지고 싶다는 마음의 반증이다. 자신을 더 높은 곳으로 끌어올리고 싶은 마음이 있기에 유능하고 매력적인 사람이 자꾸 신경 쓰이고 자신의 결점도 보이는 것이다.

열등감을 느낀다면 '그래, 나에겐 향상심이 있어, 한번 노력해보자' 하고 긍정적으로 생각하기 바란다.

애초에 고민이 많다는 건 절대 나쁜 일이 아니다. 생각에 깊이를 더해주고 자기 자신을 반성하거나 타인과의 관계를 개선하는 기폭제가 되어주기도 하기 때문이다. 고뇌를 딛고 일어섬으로써 인간적인 성장도 할 수 있게 된다.

즉, 열등감을 가진다는 것은 자기 자신을 제대로 마주할 좋은 기회를 얻었다는 뜻이다.

'나는 무능해' 하고 고민하는 사람에게는 가능성이 있다. 그래서 나는 '더 크고 깊게 고민하라'고 말해주고 싶다. 만족해버리면 발전이 없다. 더 높은 곳을 향해 어려울지라도 힘을 내 노력해보는 게 어떨까.

남과 자신을 비교하는 일은 대부분 시간낭비인 경우가 많지만 이것을 하나의 목표로 하거나 스스로를 격려할 때는 도움이 되기도 한다. 자신의 고민이나 결점을 잘 받아들이고 더 나아지기 위해 열등감도 잘 이용해보자.

고독에
대하여

인간으로 태어난 이상 가끔 고독을 느끼는 것은 당연하다. 독일의 극작가 프리드리히 헤벨은 "산다는 것은 깊은 고독 속에 있는 것이다"라는 말을 남겼다. 하물며 종교가나 철학자도 아닌 우리 범인凡人들이야 오죽하랴.

물론 항상 소외된다는 생각으로 고독감에 빠져 자기 껍질 속에 틀어박혀버리게 된다면 매우 위험하다. 왜냐하면 사회적으로 살아가기 힘들어질 수 있기 때문이다. 고독은 우울증이나 알코올 의존증, 치매가 생기는 중요한 요인이다.

그러나 원래 인간은 고독을 견디지 못하는 존재다. 어느 대학에서 비사교적이고 내성적이며 다른 사람과 잘 만나지 않는 사람을 밀실에 가두고 얼마나 고독을 견딜 수 있는지 알아보는 실험을 했다. 정해진 시간이 지나 밖으로 나온 그 사람의 첫마디는 "다른 사람과 이야기를 하고 싶다"는 것이었다. 이것이 바로 인간 본연의 모습이다.

그러므로 당신이 고독하고 그 고독에 잠식당할 것같이 느껴진다면, 고독을 싫어하는 마음을 잘 활용하라. 고독에 시달리며 누군가 말을 걸어주기만 기다리는 수동적인 태도에서 벗어나 스스로 고독하다는 감정이나 환경을 바꾸면 되는 것이다.

우선 심리적으로는 할 수 있는 한 남을 이해하고 자기 마음을 열어 무슨 일이든 즐겁게 생각하려고 노력한다. 환경적으로는 적극적으로 사람들 속으로 들어가서 만남이 계속 이어질 수 있을 정도의 인간관계를 만들도록 노력해본다. 또는 방을 밝은 색으로 도배하는 것도 한 방법이고 혼자 생각에 잠기는 시간을 줄이고 되도록 몸을 많이 움직이는 것도 좋다.

고독을 꺼리는 마음을 에너지 삼아 껍질을 깨고 밖으로 나가자. 반복적으로 시도하다 보면 이유 없는 고독감에 시달리는 일은 훨씬 줄어들 것이다.

남들은
어떻게 생각할까

남들이 한 별 뜻 없는 말 한마디에도 상처를 입는 사람이 있다.

"컴퓨터 샀다고? 좋겠네, 벌써 몇 대나 산 거야?"

이런 말을 들으면 '내가 건방지다고 생각하는 거야. 뭐 잘났다고 컴퓨터를 여러 대나 갖고 있냐고 흉 보는 게 틀림없어. 내가 싫은가 봐.'라고 생각하며 풀이 죽는다.

또 남의 시선만 느껴도 어쩔 줄 몰라 하는 사람도 있다.

'내가 어디가 이상한가 봐. 옷이 너무 촌스럽나? 왠지 여기에 나만 안 어울리는 것 같아.'

남이 무심코 내뱉은 말이 비수처럼 가슴에 꽂힌 경험은

누구에게나 있겠지만, 무슨 말만 하면 상처를 입는 사람은 이른바 피해망상의 경향이 짙은 사람이다.

아무리 상냥한 사람도 그렇게 예민한 사람의 마음까지 들여다볼 수는 없다. '저 사람은 무슨 말만 하면 상처를 입는다니까'라는 생각이 들게 되니 편하게 다가갈 수가 없다. 이런 사람은 주위에서 폭탄 다루듯 조심스럽게 다룰 수밖에 없는데, 그러면 이번에는 '아무도 나와 가까워지려 하지 않아'라고 생각하며 또 한번 의기소침해진다.

이런 사람은 '왜 내가 상처 입었다고 느끼는가'를 냉정히 돌아보고, 자기가 빠져 있는 생각은 근거 없는 착각이었음을 인식하도록 노력해야 한다.

하지만 그에 앞서 자기 행동에 조금 더 자신을 갖고 당당하기 바란다.

'컴퓨터를 살 여유가 있고 필요해서 샀으니까 남이 어떻게 생각하든 상관없잖아?'

'주위의 시선이 좀 느껴져도 사실 주위 사람들은 내 생각처럼 나만 보고 있지는 않아. 외모나 옷차림이 어떻든 나는 여기에 있어야 하니까 있는 거야.'

물론 이렇게 간단히 생각을 바꿀 수 있다면 누가 마음고

생을 하겠는가.

이럴 때는 앞서 언급한 콤플렉스 극복방법이 도움이 될 것이다. '남들이 이렇게 생각하지 않을까' 하는 걱정이 있다면 남이 말하기 전에 자신이 먼저 말해버리는 방법 말이다.

자신의 불안을 말로 표현해 버리면 다른 사람의 마음을 의심하며 전전긍긍할 일도 없을 것이다.

'남들이 그렇게 생각해도 상관없어. 나도 그렇게 생각해' 하고 당당하게 행동하자.

상처 입기 쉬운 사람은 남이 어떻게 생각하는지를 늘 신경 쓰고 있다. 그 걱정을 마음에 담고 지내니까 지적을 당하면 '역시 남들도 그렇게 생각하는구나', '아픈 곳을 찔렀어' 하고 더욱 상처를 입는 악순환이 계속 된다.

"말 안 해도 알아!"

이런 식으로 드러내면, 즉 자기가 먼저 자신의 아픈 곳을 찔러버리면 오히려 마음 편해진다는 것을 깨달았으면 한다. 이 방법을 사용해 보면 의외로 상대는 그에 대해 왈가왈부하지 않는다는 사실도 곧 알게 될 것이다.

완벽한 인간관계

대인공포증 경향이 있는 사람들이 있다. 이런 사람들은 상대가 어떻게 생각할지 모른다는 걱정에 사로잡혀 무슨 일이든 적극적으로 나서지 못하고 스스로 행동반경을 좁힌다. 당신이 그런 불안에 빠져 있다면 걱정하지 않아도 된다.

사실은 상대방 역시 '상대의 마음을 안다'고 생각하고 싶을 뿐, 진짜 상대의 마음을 몰라 두렵기는 마찬가지다. 그래서 대부분의 사람은 '저 사람은 이렇게 생각하겠지?' 하고 멋대로 추측해서 아는 척함으로써 공포나 불안을 덜고 있는 것이다.

상대가 어떻게 생각하는지 전혀 모르면 불안해진다. 불안

하니까 예측을 해서 행동한다. 그 예측은 가끔 빗나간다. 다른 사람의 생각을 모르는 것은 당연하기 때문에 예측이 빗나가 실수를 한다 해도 이상할 것은 없다.

그러나 대인공포는 이 실수에 연연하기 때문에 생긴다. '이렇게 말하면 싫어하지 않을까?', '이런 행동을 했다가 상대가 실망하면 어쩌지?' 하는 등의 공포나 불안에 얽매이는 것이다.

하지만 상대의 생각은 직접 부딪히지 않으면 전혀 알 수가 없다. 엄밀히 말해 '아는' 것은 아니지만 경험을 통해 상대에게 익숙해지고 예측 성공률을 높일 수 있다.

또한 이렇게 생각할 수도 있다. 만약 상대가 다소 실망스런 행동을 하거나 말실수를 하더라도 그가 친한 사람이라면 아무렇지 않을 것이다. 반대로 썩 친하지 않은 사람이 무례한 짓을 하면 그 충격이 클 것이다.

그렇다면 남을 두려워만 말고 먼저 친해지도록 노력하자. 친한 사람이 되면 약간의 실수는 상대방도 너그럽게 용서해 준다. 남이 두려워서 가까이 할 수 없다고 생각하지 말고 가까이 함으로써 두려움을 없애는 것이다.

이와는 반대로 상대의 모든 것을 이해한다고 착각하

며 상대 역시 자신의 모든 것을 이해해 주기를 바라는 태도도 문제다.

서로 어느 정도 이해하게 된 것에 만족하지 못하고 완벽함을 바라며 '나는 다 이해하는데 왜 나를 더 알아주지 않지?'하고 조바심을 낸다. 그러면 상대와 나 사이에는 깊은 골이 생길 뿐이라는 사실을 깨닫기 바란다.

자기가 생각하는 것 이상으로 상대의 마음을 알 수는 있지만 절대로 완전히 이해할 수는 없다. 그것은 상대방 역시 마찬가지다. 완벽한 인간관계란 어디에도 존재하지 않는다. 적당한 선에서 만족하고, 알게 된 부분이라도 기쁘게 받아들여 소중하게 여기는 자세가 필요하다.

거절당할까 봐 무서워

내가 젊었을 때는 애인이 없는 건 당연한 일이고 중매로 결혼하는 것이 보통이었다. 하지만 요즘은 시대가 많이 바뀌었다. 중매로 결혼하는 사람도 많겠지만 연애결혼이 더욱 일반적이 된 듯하다.

젊은 사람들은 사귀는 사람이 당연히 있고, 애인 하나 없다면 어딘가 문제가 있거나 어지간히 인기가 없는 사람이라 여기기도 한다.

잡지나 텔레비전에는 연애 관련 특집기사가 가득해서 세련된 데이트 코스니 상대가 기뻐할 선물이니 하는 정보가 넘쳐난다. 또 하면 안 되는 'NG' 규칙들이 있어서 이걸 어기는 사람은 상대도 해주지 않는 모양이다.

이성과 능숙하게 어울릴 수 있는 사람은 점점 인기를 끌고 그렇지 않은 사람에게는 연애할 기회조차 오지 않는다. 기회 자체가 없으니 점점 더 이성을 상대하기 어려워지고 자신감을 잃어 소극적인 사람이 된다. 이런 악순환이 계속되는 듯하다.

하지만 나는 애인이 없어도 창피할 일이 아니라고 생각한다. 어떤 여성은 내게 이렇게 말했다.

"지금은 애인이 없지만 좋아하지도 않는 사람과 데이트할 바에는 집에서 책을 읽는 편이 더 낫겠어요. 내가 정말 좋아하는 사람과 데이트를 하고 싶어요."

고지식하다고 생각할지 몰라도 이 여성의 말이 내게는 아주 시원하게 들렸다.

또 잡지나 텔레비전에서 하는 말에 너무 휘둘리거나 조바심을 낼 필요도 없다. 그들은 원래 우리 마음에 바람을 넣어서 돈을 버는 게 목적이라고 냉정하게 생각하면 된다.

하지만 집에서 책만 읽고 있으면 연애할 기회를 잡을 수 없다. 멋진 상대를 만날 기회를 찾아 사람들이 모이는 곳에 얼굴을 내미는 정도의 노력은 하는 것이 좋다.

알고 지내는 이성이 하나도 없으면 이성에 대한 열등감만 커질 수 있다. '대인공포'의 일종이다.

'나를 차갑게 대하면 어쩌지?', '거절당할까 봐 무서워' 하는 등의 불안 때문에 점점 비관적인 생각만 늘어간다. 이런 대인공포 심리는 알고 보면 자존심과 한 쌍을 이루고 있다. 자존심이 강하면 좀처럼 사랑에 적극적일 수 없는 것이다.

그러나 안심하자. 자존심과 열등감은 누구나 쌍으로 가지고 있다. 상대방도 열등감과 자존심 사이에서 흔들리는 평범한 인간이다. 자기가 좋아하는 상대는 대단해 보이는 법이라 열등감 같은 건 없는 줄 알겠지만, 그것은 큰 착각이다. 상대도 열등감투성이인 인간이다.

이렇게 생각하면 내성적인 사람도 조금은 이성과 편안하게 이야기할 수 있을 것이다

누구나
실연은 두렵다

어느 여성이 자신의 사랑에 대해 이렇게 고백했다. 좋아하는 사람이 생기면 반드시 보험용 남자친구를 사귄다. 양다리를 걸치는 것이다. 이유를 물어보니 진짜로 좋아하는 사람에게 차이는 것이 무서워서라고 한다. 차였을 때 '괜찮아. 나한테는 이 사람이 있어' 하고 안심할 수 있도록 다른 애인을 만들어두는 것이다. 실연의 충격을 완화시키는 쿠션을 미리 깔아놓는 셈이다.

뻔뻔하다며 화를 내는 사람도 있겠지만 나는 인간이란 의외로 크든 작든 무의식적으로 이런 일을 하고 있지 않을까 생각한다.

이 여성은 스스로 그것을 알고 있으니 그만큼 머리가 좋은 게 아닐까.

실연의 불안은 누구에게나 있다. 연애에 들이는 에너지는 상당히 크다. 그 에너지가 갈 곳을 잃었을 때는 정말 괴롭다. 실연당하고 싶은 사람이 어디 있겠는가. 그런데 한 번에 여러 애인을 사귀는 사람이 의외로 많다고 한다. 이는 한 사람을 너무 좋아하다 상처 입는 것이 두려워서 그러는 것이라 생각한다.

그 심정은 충분히 이해가 가지만 자신의 충격을 완화시키기 위한 쿠션으로 다른 사람을 이용한다는 생각에는 찬성할 수가 없다. 다른 사람을 자기 도구로 사용하는 사람은 언젠가 자신이 그렇게 쓰여도 할 말이 없는 것이다. 눈가림으로 하는 사랑임을 자각하는 것은 좋지만 눈가림은 어디까지나 눈가림일 뿐이다.

그보다 실연을 당했을 때 당신을 위로하고 쿠션이 되어줄 동성 친구를 사귀자. 동성 친구와 술이라도 한잔하면서 실연의 상처를 달래보자. 좋은 친구가 있으면 그 사람의 존재가 정신적인 버팀목이 되어 사랑하는 사람에게 과감히 다가갈 용기가 생길 것이다.

실연을 당한다 해도 그 불행이 영원히 계속되지는 않는다. 분명 그 다음에는 더 멋진 사랑이 찾아올 것이다. 큰 실연을 당하면 그 후에는 더욱더 근사한 행복이 기다리고 있을 것이다. 그렇게 믿자. 그렇게 생각하면 마음의 쿠션도 생길 것이다.

소중한 사람을
잃었다면

　사람의 생명은 영원하지 않다. 머리로는 알고 있지만 소중한 사람을 잃으면 마음에 큰 구멍이 뚫린다. 키다란 상실감에 사로잡혀 아무것도 할 수 없을 것이다.

　그와 같은 일을 당했을 때는 기운을 내려고 노력하지 않는 편이 좋다. 소중한 사람을 잃어 슬픈 마음이 들면 있는 그대로 모조리 쏟아내는 것이 더 중요하다.

　'마음을 약하게 먹으면 안 돼.'

　'언제까지 울고 있을 순 없어.'

　이런 생각은 가상하지만 무리해서 힘을 내려고 하면 마음은 더욱 공허해질 뿐이다.

그럴 때는 한동안 우울에 젖어도 괜찮다. 괴로운 변화가 일어났을 때 몸을 추스르고 문제에 대처할 시간을 벌어주는 것이 우울이다.

슬픔과 괴로움을 두려워하지 말고 소중한 사람과의 추억에 젖어 충분히 울자. 후회가 든다면 마음을 열고 친한 사람들에게 털어놓자. 화가 나면 화를 내도 괜찮다. 아무것도 할 의욕이 없으면 아무것도 하지 말고 슬퍼해도 된다.

그런 과정을 거치다 보면 보통은 자연스럽게 '슬퍼하고만 있을 수는 없어. 조금이라도 움직여야지' 하는 생각이 들 것이다. 조용히 그때가 오기를 기다리는 마음으로 하루하루를 보내기 바란다.

소중한 사람의 죽음은 그리 쉽게 극복되지 않는다. 오히려 언제까지나 극복되지 않는 경우가 더 많다. 번번이 슬픔이 고개를 들거나 '만약 그 사람이 살아있다면……' 하고 생각하는 것은 아주 자연스러운 일이다.

절망의 유효기간

죽음이나 실연, 이별 등 세상에는 헤아릴 수 없이 많은 슬픔, 괴로움, 쓰라린 일들이 있다.

이런 일을 당했을 때는 무조건 괴로움을 참지 말고 쏟아내는 것이 중요하다. 감정을 속으로 쌓기만 하면 좀처럼 우울한 기분도 해소되지 않는다. 우는 것도 좋고, 화를 내도 좋고, 신나게 놀아도 좋다. 어쨌든 간에 감정을 쏟아낼 곳을 찾아서 울적한 감정을 발산하는 것이다.

대부분의 사람은 그런 기분전환 방법을 어느 정도 알고 있을 것이다.

하지만 자포자기해서 술에 빠지거나, 도박이나 쇼핑에 열

중하거나, 하루가 멀다 하고 상대를 바꿔가며 이성을 만나는 등 쾌락에서 위안을 찾고 일시적으로 현실에서 도피하려는 방법은 잘못된 행동이다. 쾌락에 몸을 던지면 건강을 해치거나 재산을 잃는 것은 물론이고 냉정을 되찾았을 때 못난 자신을 탓하며 더욱 크게 마음을 다칠 수 있다.

또한 술이나 도박은 도를 넘으면 중독이 되어 인생이나 가정을 파탄에 빠뜨리게 된다.

단언컨대 자포자기하여 말초적인 쾌락에 빠지거나 아무리 자기를 학대해도 결코 마음의 위안은 찾을 수 없다.

또 그러다 보면 당신 주위에 있는 소중한 사람을 아프게 한다는 것을 꼭 기억하기 바란다.

나쁜 일을 '잊자'는 생각에 자포자기하느니 차라리 괴로워할 만큼 괴로워하고 절망의 밑바닥에 빠져버리는 편이 낫다. 시간은 걸리지만 사람은 언젠가 절망에도 질리기 마련이다. 그러면 앞으로 자신이 무엇을 하고 싶은지 생각하거나 행동하는 데에 올바른 판단을 내릴 수 있게 될 것이다.

시련을 마주하면
비로소 보이는 것

어떤 여성이 자신의 괴로움을 친구에게 털어놨더니 "비련의 여주인공이냐?"고 놀림 받아 큰 충격을 받았다고 했다.

그리고 이 여성은 '이 친구는 굴곡 없이 늘 행복하게 살아와서 내 괴로움을 전혀 이해해주지 못해'라는 생각에 마음의 문을 닫아버렸다.

괴롭고 힘든 감정이 덮쳐와 누군가와 이야기를 나누고 싶을 때가 있다. 그럴 때 '우는 소리 하지마', '더 강해져야지'라고 하면 힘들어하는 사람의 마음을 전혀 위로해줄 수 없다.

힘든 사람을 위로할 수 있는 것은 비슷하게 힘든 경험을 한 적이 있는 사람뿐이다. 대단한 조언을 해주는 사람보다 그저 묵묵히 이야기를 들어주는 사람이 더 필요할 때가 있는 것이다.

톨스토이 역시 '태어나서 한번도 아파 본 적 없는 사람과는 친구가 되지 마라'라는 말을 했다. 만일 당신이 지금 힘들어하고 있다면 이 상태를 마음에 잘 새겨두길 바란다. 어떤 말들이 당신의 마음에 위안이 되었는지, 누군가의 어떤 행동이 기뻤는지, 어떤 상황에 마음이 놓였는지 말이다.

병을 앓거나 시련을 마주했을 때, 인간은 새로운 힘을 손에 넣는다.

병이 천천히 회복되어 갈 때, 시련을 딛고 일어설 때만 생겨나는 힘이다.

이 힘을 몸에 잘 기억시켜 두고 절대 잊지 않는다면, 나중에 지금의 당신과 같이 어려운 시기를 지나는 사람에게 따뜻한 말 한마디를 건넬 수 있을 것이다. 타인의 고통과 슬픔에 진심으로 공감할 수 있는 다정한 사람이 되는 것이다.

정말 어려울 때는
아무도 도와주지 않는다

돈은 인류 최대의 발명품 중 하나이며 인간의 지혜가 낳은 걸작품이다. 돈은 생활을 영위하는 데에 없어서는 안 되며 어떠한 정치체제나 종교도 돈을 무시하고는 존재할 수 없다.

그런데 이 돈을 어떻게 다루느냐에 따라 그 사람이 행복해지느냐 불행해지느냐가 결정된다.

돈은 분명 인간에게 있어서 중요한 수단이지만 돈의 노예가 되어서는 절대 안 된다. 사람은 누구나 돈을 좋아한다. 나 역시 평범한 생활인이기 때문에 돈이 좋다. 그런데 나는 도무지 돈과 인연이 없는 사람이다. 아무리 열심히 벌어도 병원 경비로 날아가버린다. 그리고 조금 더 나은 의료 서비스를 제공하려고 하면 할수록 적자만 쌓이는 일본 의료현실도 내가 돈을 모으지 못하는 이유 중 큰 몫을 차지한다.

그건 그렇다 치고, 최근 들어 개인파산 신고자가 끊임 없이 증가하고 있다고 한다.

요즘은 현금보다 신용카드를 사용해 물건을 사거나 돈을 쓰는 사람이 대부분이다. 하지만 이 신용카드에는 큰 함정이 있다. '월급타면 결제하지 뭐' 하는 안이한 생각으로 마구 카드를 사용하다 보면 결제액수는 점점 커지기 마련이다. 이 결과 잔고는 제로가 되고 마이너스가 되며 이윽고 감당할 수 없는 액수의 부채가 된다. 뿐만 아니라 결제대금을 마련하려고 사금융 등 다른 곳에서 돈을 융통하다 보면 점점 더 깊은 수렁에 빠져 들어간다.

세상이 평화로우면 사람들은 화려한 것을 찾고 낭비를 하는 경향이 있다. 물론 무조건 아낄 생각만 하는 것도 사는 재미가 없다. 하지만 뒷일을 생각하지 않고 과소비를 하다 보면 생활은 궁핍해지고 끝내는 신용불량자가 되거나 파산에 이른다. 파산만 하고 만다면 그나마 다행이다. 하지만 대개는 그 과정에서 여러 가지 트러블을 겪고 파탄에 이르니 그게 바로 문제다.

당연한 말이지만 돈은 쓰면 없어진다. 구두쇠라고 불리든 궁상 떤다고 뒤에서 욕을 먹든 아낄 수 있는 부분에서는 아껴야 한다. 정말 어려울 때는 아무도 도와주지 않는다. 게다가 돈을 많이 들이지 않고도 즐길 거리는 찾아보면 얼마든지 있다.

당장은 나와 관계없는 일 같지만 미리미리 앞날을 준비하지 않으면 결국 곤란해지는 것은 '나'라는 사실을 명심하기 바란다.

모든 것이
마음먹기에 달렸다

지금까지 이야기한 것들 외에도 인생에는 다 때려치우고 싶게 만드는 괴로움과 고민이 수없이 존재한다. 그런 일을 당할 때마다 자기 힘으로는 해결할 수 없을 것 같아 마음은 더욱 무거워진다. 하지만 정말 자신의 힘으로 해결할 수 없는 것인가? 알고 보면 꼭 그렇지도 않다. 인간은 의외로 큰 힘을 가지고 있다. 본인이 생각하는 정도를 뛰어넘는 훨씬 대단한 힘 말이다.

몇 년 전, 세 시간 정도 훈련을 받으면 힘없는 보통 사람도 두꺼운 전화번호부 책을 맨손으로 찢어버리는 초능력 강의가 유행한 적이 있다. 사실 이것은 자신도 모르는 사이에 최면술에 걸린 것이다. 또는 암시라고 해도 좋다.

인간은 대개 자신이 갖고 있는 힘의 10퍼센트 정도밖에 쓰지 않는다. 여기에 암시를 걸어 20퍼센트 정도를 쓸 수 있게 하면 그 두꺼운 전화번호부 책도 찢을 수 있는 괴력을 발휘한다. 즉, 그 암시가 대단한 것이 아니라 인간이 본래 갖고 있는 힘이 자기가 상상했던 것보다 훨씬 굉장하다는 것이다.

자기 자신이 만든 자신의 이미지는 일종의 허상일 뿐이다. 그 허상은 진짜 자기 모습의 일부에 지나지 않는다. 자신은 그 모습이 전부인 줄 알겠지만 그것은 착각이다.

실제로 다른 사람의 지적을 받고서야 비로소 몰랐던 자신의 일면을 발견하는 사람도 적지 않다. 그렇게 남이 지적한 이미지도 사실은 실제 자기 모습의 일부에 지나지 않는다. 자신이 생각하는 이미지와 다른 사람이 생각하는 이미지를 합쳐서 종합하면 자신의 실체와 상당히 가까워질 것이다.

자신의 힘을 너무 과신하는 것도 문제지만 지나치게 과소평가해서도 안 된다. 괴로운 일이 있어도 다 틀렸다고 무기력하게 포기하지 말고 극복할 수 있다는 희망을 가져야 한다. 그것이 다 때려치우고 싶어지는 상황에서 자신을 해방시키는 방법이다.

고민이나 고통에 시달릴 때마다 자신을 불행하다고 생각하는 사람은 어떤 일에든 소극적이 되기 쉽다. 그러나 행복이란 지극히 추상적인 개념이다. 자기 손으로 마음 가는 대로 칠해보면 그것은 어떤 색깔로든 변할 수 있다.

중요한 것은 무슨 일이든 마음먹기에 달렸다는 것이다.

4장 차근차근 다시 시작하면 된다

간식 시간은
꼭 지킨다

　어떤 이유에서든 마음이 울적해지면 나는 자기 자신만의 시간을 많이 가지라고 권한다.

　당신에게 '자기만의 시간'이란 무엇인가? 친구와 함께 놀거나, 가족과 시간을 보내거나 또는 혼자서 취미에 몰두한다거나 등등 여러 가지가 있을 것이다. 어떤 것이든 '자기만의 시간'이란 스트레스를 느낄 필요 없는 오직 자기 자신만을 위해 쓰는 사치스러운 시간이라 할 수 있다.

　이런 시간을 가지면 지쳤던 기분이 리셋되고 마음의 부담도 한결 가벼워진다.

　그러나 마음이 피폐한 사람일수록 자기만을 위한 시간 갖기를 아주 어려워한다.

"바빠서 안 돼요."

"그럴 여유가 없어요."

"지금은 그럴 기분이 아니에요."

이처럼 여러 가지 이유를 대지만 꼭 날을 잡고 쉬어야만 자기 시간을 가질 수 있는 것은 아니다. 생각하기에 따라서는 어떤 형태로든 시간을 낼 수 있다.

이를테면 출퇴근할 때 지하철에서 좋아하는 잡지를 읽는다. 업무와 업무 사이에 빈 시간이 생기면 산책을 해본다. 아무리 바빠도 '간식 시간'은 꼭 지킨다. 이와 같이 시간을 쪼개서 쓰는 요령과 '쉴 때는 쉬자!'라는 마음의 전환이 필요하다.

또한 자기만의 시간을 갖는다는 것이 썩 내키지 않더라도 우선은 무리를 해서라도 그런 시간을 만들어보자. '자기만의 시간'이라는 쿠션을 깔아두면 고민이나 마음의 부담이 의외로 쉽게 가벼워지는 것을 느끼게 될 것이다.

같은 고민을 하더라도 무작정 끙끙 앓으며 시간을 보내지 말고 틈틈이 자기 시간을 가지고 기분전환을 하면서 고민하는 편이 훨씬 낫다는 것은 굳이 말하지 않아도 짐작할 수 있을 것이다.

그리고 이렇게 해야 하루라도 빨리 고민을 털고 일어날 수 있다는 것을 꼭 알아두기 바란다.

고민의 악순환에서
벗어나는 방법 1

　기분 나쁜 일이나 괴로운 일은 빨리 잊어버리는 것이 상책이다. 하지만 좀처럼 잊혀지지 않기 때문에 고민을 하게 되는 것이다. 더욱이 깊은 고민일 때는 무슨 생각을 하든 결국 마음이 그 생각 쪽으로 흘러가버린다.

　그 결과 점점 더 고민은 깊어질 수밖에 없다.

　잊으려 하면 할수록 우리의 뇌는 그 고민을 더욱 뚜렷이 새긴다. 그래서 잊고자 할수록 더 쉽게 떠오르는 것이다.

　이런 악순환에서 벗어나는 방법은 오히려 잊으려 애쓰지 않는 것이다.

　'잊어버리자' 하고 생각하지 말고 그 일에 대해 철저히 생각해 본다. 자기가 어떻게 해야 옳았을지 종이에 쓰고 여러 가지 가능성을 상세히 검토한다. 그렇게 정리해 보면 생각지도 않게 해결방법이 떠오를 수도 있다.

그리고 가능하다면 자신이 즐거워할 상황을 만들어보는 것도 좋다. 뭔가 재미있는 일을 하거나 쉽게 해결할 수 있는 간단한 일을 통해서 성취감을 맛보는 것이다. 이때 갖는 성취감이 곧 자신감으로 이어질 수 있기 때문이다.

자기 스스로 목표를 정하고 그것을 이루도록 해보자. 그리고 목표를 달성하면 자신에게 상을 주는 것도 좋은 방법이다.

'이 일을 잘 끝내면 평소에 갖고 싶었던 가방을 사야지.'

이처럼 자기 자신에게 주는 선물은 생각보다 큰 격려가 된다. 사람은 누구나 이익에 민감하다. 그렇기 때문에 이 방법은 꽤 효과가 있다.

병원이나 기업에도 표창이라는 제도가 있다. 때론 이런 상이 있기 때문에 노력하고자 하는 심리가 발동하기도 한다.

고민이 있거나 마음이 울적할 때는 될 수 있는 대로 아무것도 하지 않고 넋 놓고 있는 시간을 없애야 한다. 산책을 해보거나 운동으로 땀을 흘리거나 영화나 드라마 시리즈를

며칠 안에 다 보기로 자기 자신과 약속을 하는 등 어쨌든 간에 스스로를 바쁜 상황 속에 밀어 넣어두다 보면 다 때려치우고 싶던 기분도 어느 샌가 사라져 있을 것이다.

시간이 남아돌면 걱정과 고민이 그 틈을 비집고 들어온다. 그럴 때는 어떻게 해서든 자신을 바쁘게 만들자. 그러면 끙끙 앓고 있을 시간도 없어질 것이다.

고민의 악순환에서
벗어나는 방법 2

 만약 당신이 고독 외에 다른 이유로 고민하거나 괴로워하고 있다면 고독한 시간을 가져보는 것도 좋다.

 인간이란 변덕스러운 존재라 고독은 싫다고 말하면서도 가끔은 혼자 있고 싶어하기도 한다.

 혼자 있을 때면 주위의 여러 잡음에서 벗어나 자신의 내면과 마주하여 차분하게 생각할 수 있게 된다. 때문에 육체적으로나 정신적으로 만족스런 시간을 보낼 수 있고, 평소에 쌓인 정신적 스트레스로부터 해방되기도 훨씬 쉽다. 또 신선한 발상이 샘솟는 창조적인 시간을 가질 수도 있다.

 그러니 가능하다면 하루에 한 번쯤은 혼자만의 시간을 꼭 갖기 바란다.

혼자 있으려면 자기만의 방을 마련하는 게 제일 좋겠지만 현실적으로 힘들다. 이럴 때 머리를 좀 쓰면 얼마든지 혼자만의 공간을 만들 수 있다.

예를 들어 출퇴근 시간의 차 안이나 짬이 날 때 혼자 카페에 가는 등 그때그때 시간을 잘 활용하는 것이다.

중요한 것은 참견하는 사람이나 소음, 떠드는 소리 등 사색을 방해할 요소가 없는 장소여야 한다는 점이다.

이것저것 신경 쓰지 않고 조용히 자기 자신과 마주하며 느긋하게 쉴 수 있는 시간이라면 그것이 '나만의 고독한 시간'이 되어줄 것이다.

하기 싫은 일은
단숨에

인간은 힘든 일, 괴로운 일, 화나는 일 등 스트레스를 받으면 그에 대해 정신적인 균형을 유지하려고 한다. 스트레스에 대한 저항력이 작용하는 것이다. 이 저항력은 적당한 스트레스를 계속 주면 강해지지만 과도한 스트레스를 받은 직후에는 사소한 일에도 무너져버릴 수 있다.

이를테면 하기 싫은 일 몇 가지가 한꺼번에 밀어닥쳤을 때 우리는 의외로 잘 해낸다. 그러나 한 가지 일을 끝낸 후 그 피로가 채 가시기도 전에 하기 싫은 일이 주어지면 도저히 참을 수 없게 느껴질 때가 있다.

따라서 싫지만 꼭 해야 할 일이 몇 가지 있을 때는 되도록 짧은 기간에 끝내 그 고통을 오래 끌지 않아야 한다. 그리고 그 일이 끝난 후에는 충분히 휴식 시간을 가져야 한다.

이런 식으로 어렵고 바쁜 일을 단숨에 끝내면 자신감이 싹튼다. 그러면 그 후에 다시 어려운 상황이 닥쳐도 전보다 마음 편히 그것을 받아들일 수 있다.

하지만 일을 어렵사리 끝낸 직후나 끝낸 일의 결과에 대해 썩 자신할 수 없는 상태라면 또다시 어려운 일이 닥쳤을 때 의욕이 생기지 않는다. 뿐만 아니라 평소라면 쉽게 해냈을 간단한 일조차 겁이 나기도 한다.

비즈니스 정신의학을 연구하는 미국의 산업정신위생연구회에서는 이러한 인간의 심리적 메커니즘에 대해 보고서를 냈는데 그 안에는 다음과 같은 내용이 쓰여져 있다.

'가족의 죽음이나 인간관계에서 극도의 불화를 겪은 지 3개월에서 6개월이 지나지 않은 사람은 이직이나 부서 이동을 삼가는 것이 좋다.'

자기 힘으로는 해결할 수 없는 스트레스도 있다. 하지만 자신의 노력으로 해소할 수 있는 스트레스라면 일찌감치 훌훌 털어버리는 것이 심신의 건강에 제일 좋은 방법이다.

감정이 갈 곳을
잃었을 때

 우리는 일반적으로 희로애락을 겉으로 드러내지 않는 것을 미덕으로 여긴다. 그런 것을 노골적으로 드러내는 사람은 주위 상황이나 다른 사람에게 미치는 영향 등을 생각할 줄 모르고 감정을 조절할 능력이 없는 인간이라는 딱지가 붙는다.

 그런데 감정을 억눌러 주위에서 성인군자라고 칭찬받는다고 해서 그 사람의 기분이 좋아지느냐 하면 꼭 그렇지도 않다. 특히 '분노怒'나 '슬픔哀'을 억누르면 쌓인 감정이 갈 곳을 잃어 마음에 상처를 남긴다.

 직설적인 언동은 다른 사람에게 폐가 되고 자신의 평가를 떨어뜨리지만 그렇다고 감정을 억눌러 버리면 스트레스가 쌓인다.

이럴 때 해결책은 의외로 간단하다.

억누른 감정을 되도록 빨리, 혼자 있을 때 발산하면 된다.

아무도 없는 곳이라면 거리낄 것이 없다. 소리를 질러도 좋고 마구 욕을 해도 좋다. 그 정도로 마음이 후련해질까 싶겠지만 100퍼센트는 아닐지언정 상당한 효과가 있다. 적어도 상대에게 감정을 폭발시키지 않을 만큼은 마음이 누그러질 것이다.

노래방에서 목이 터져라 노래를 해도 좋다. 음악을 커다랗게 틀어놓고 노래하며 춤을 춰도 좋다. 스포츠 중계를 틀어놓고 고래고래 응원하며 보는 것도 좋다. 어쨌든 간에 큰 소리를 질러 쌓이고 쌓인 울분을 발산하면 마음은 후련해진다. 이런 이벤트를 의식적으로 일상에 도입하는 것도 힘든 현대를 살아가는 데 있어서 슬기로운 대처법 중 하나다.

슬픔을 울음으로 발산하는 것도 중요하다. 눈물에는 스트레스를 느꼈을 때 체내에서 생성되는 물질이 포함되어 있기 때문에 눈물을 흘리면 체내의 스트레스가 경감되어 마음이 편해진다는 학설도 있다.

울고 싶은 기분일 때는 참지 말고 눈물이 마를 때까지 울어버리자. 눈물 없인 볼 수 없다고 하는 신파 영화나 소설의 힘을 빌려도 좋다.

마음의 응어리를 발산할 수만 있다면 다음날 눈두덩이 좀 부은들 어떤가. 눈의 붓기는 시간이 지나면 빠지지만 마음의 응어리는 그리 쉽게 풀리지 않는다는 사실을 기억해 두자.

웃음을
빼놓을 수 없다

다 때려치우고 싶은 마음을 조금이나마 풀어주는 것 중에 웃음을 빼놓을 수 없다. 마음이 울적하면 좀처럼 웃을 기분이 나지 않는다. 사람들 다 뒤집어지는 우스갯소리를 들어도 즐겁지 않고 좋아하는 예능 방송을 봐도 전혀 웃음이 나질 않는다.

하지만 아직 마음이 완전히 닫히지 않았다면 대책은 있다. 예를 들면 친구와 어울려 술을 마시면서 실없는 이야기를 신나게 떠들며 마냥 웃어댈 수 있는 기회를 만들어 보자. 친구나 알코올의 힘을 살짝 빌리는 것이다.

그리고 '웃고 싶어서 코미디 영화를 본다', '웃고 싶어서 재미있는 만화를 읽는다', '웃고 싶어서 코미디 쇼를 보러 간다' 등등 '웃음'을 목적으로 한 행동을 일상에 넣는 습관을 갖는 것도 필요하다.

'어쩐지 마음이 안 좋은데' 하고 막연히 느껴질 때 당장 활용할 수 있도록 '반드시 웃을 수 있는 무기'를 마련해 두면 더할 나위 없이 좋다.

원래 '웃음'이란 의학적 견지에서도 아주 효과적인 마음의 건강법이다. 부교감신경의 작용을 강화하고 심신을 모두 편안하게 풀어주는 것이 바로 웃음이다.

웃고 나서 응어리졌던 마음이 확 풀리고 상쾌한 기분이 들었던 경험을 누구나 해본 적 있을 것이다. 이는 웃음을 통해 모든 긴장에서 해방되기 때문이다. 잘 웃는 사람은 밝고 건강하게 살 수 있다.

일상생활 속에 웃음을 많이 채워 넣고, 웃음을 통해 효과적으로 스트레스를 발산해 보자.

흐름을 바꾸는 방법

힘들고 괴로운 일을 당하거나 직장 생활이나 인간관계 때문에 답답한 상황에 놓이면 '나는 틀렸어' 하고 자신감을 잃어버리는 사람이 있다.

이럴 땐 자기가 잘하는 일을 해서 자신감을 회복하면 된다.

이를테면 아무리 공부해도 진전이 없고 새로운 내용이 머리에 들어가지 않아 다 집어치우고 싶어진다. 이럴 때는 자기가 잘하는 분야나 과목을 다시 들여다본다. 예전에 했던 것이기에 머리에 쏙쏙 들어오고 복습 효과도 있다. 그러다 보면 다시 페이스도 돌아올 것이고 그때 다시 새로운 분야에 도전하는 것이 현명하다.

인간관계도 그렇다. 직장 동료들과 잘 지내기 어려우면 한동안은 부담 없고 친한 사람들을 자주 만나보자. 그러면 서먹했던 사람들과도 잘 지낼 수 있는 마음의 여유가 생길 수 있다.

인간에게는 바이오리듬이라는 것이 있다. 잘 안 될 때는 무슨 일을 해도 잘 풀리는 법이 없다. 반대로 잘 될 때는 무슨 일을 해도 신기할 만큼 술술 풀리던 경험이 누구나 있을 것이다.

자기가 잘하는 분야로 돌아간다는 것은 이 바이오리듬을 의도적으로 바꾸는 의미가 있다. 사소한 것이라도 자기가 할 수 있는 일을 해서 자신감을 갖는다. 성취감을 얻는다. 친구와 술을 마시거나 신나게 놀면서 기분을 밝게 만든다.

그렇게 해서 자신을 둘러싼 '마이너스' 흐름을 '플러스'로 바꾸는 것이다. 일단 플러스 흐름을 타면, 그 전까지는 왠지 잘 안 되던 일도 신기하게 잘 풀리기 시작한다.

'하지만 나는 잘하는 일이 아무것도 없어.'

이런 사람도 한번 잘 생각해 보자.

아무리 사소한 일이라도 좋다. 일단 해내기만 하면 반드시 성취감을 얻을 수 있다. 성공했다는 체험을 통해 긍정적인 마음을 가질 수 있다. 자기만족이면 어떤가. 그것을 얻기 위해 하는 일인데.

쉬어도
쉰 것 같지 않다면

마음이 피로하면 휴식을 취하라는 말을 흔히 한다. 그러나 고민거리가 있을 때는 온종일 집안에서 뒹굴어도 조금도 마음의 응어리가 풀어지지 않는다. 풀리기는커녕 그 고민거리 때문에 더욱 기운 빠진 경험은 누구나 있을 것이다.

사실 휴식에는 두 종류가 있다. 하나는 아무것도 하지 않는 것, 즉 잠을 자거나 안정을 취하는 것이다. 앞에서 말한 온종일 집안에서 뒹군다는 것이 이에 해당한다.

그리고 또 하나는 적당한 자극을 주는 휴식이다. 운동이나 취미에 몰두하거나 즐겁게 노는 것이다.

그런데 현대인의 라이프 스타일을 보면 컴퓨터나 휴대전

화를 장시간 이용하는 탓에 신경을 과다하게 사용하는 데서 오는 축적성 피로가 늘고 있다. 이런 피로는 그저 쉬기만 한다고 해소되지 않는다.

이럴 때는 어떤 자극을 주어 피로를 씻어낼 필요가 있다. 물론 업무와 관계 없는 다른 일이어야 한다. 그저 집에서 쉰다고 마음에 쌓인 스트레스가 해소되지는 않기 때문이다.

이렇게 보면 얼핏 쉬워 보이는 이 '휴식'이라는 행위가 의외로 어렵다는 것을 알 수 있다. 이를테면 월요일부터 금요일까지 열심히 일하다가 주말에는 집에 틀어박혀 푹 자는 것으로 휴식을 취했다고 생각하는 사람이 있다. 그러나 이래서는 심신 모두 무거운 피로감이 남아 다음날 출근하기가 싫어질 뿐이다. 소위 말하는 월요병이다. 이것이 심해지면 '출근 거부'로 이어지기까지 한다.

즉, 이런 휴식으로는 정신적인 피로를 해소할 수 없다는 말이다. 그러니 잠만 자지 말고 가벼운 운동을 하거나 일과 관계 없는 일로 머리를 쓸 필요가 있다. 이 방법은 일이 아닌 다른 원인에서 오는 정신적 피로에도 매우 효과적이다.

중요한 것은 '진정한 휴식'을 취하는 것이다. 쉰다고 생각하지만 무엇이 제대로 쉬는 것인지 모르는 사람이 의외로 많다. 몸만 쉬고 있을 뿐, 마음은 여전히 고민으로 끙끙대며 회사 일을 생각하는 사람이 많다. 그래서는 마음이 쉴 수 없다는 것은 말할 필요도 없으리라.

잡념으로
마음이 괴로울 때 1

이미 일어나버린 나쁜 일을 잊고 마음을 후련하게 풀기 위해서는 딴 생각이 나지 않을 만큼 몰두할 수 있는 취미를 가져야 한다.

그런데 취미 생활이라는 말만 나오면 이내 "나는 원래 취미가 없어요" 하고 주눅이 드는 사람이 적지 않다. 혹시 취미라는 것을 너무 거창하게 생각하고 있지는 않은가?

그런 사람은 먼저 사전에서 '취미'라는 단어를 찾아보자. 내가 갖고 있는 사전에는 '(전문이나 본업은 아니나) 재미로 좋아서 하는 일'이라고 나와 있다. 즉, '좋아하는' 일은 모두 취미의 범주에 속하는 것이다.

그렇게 따지면 아무리 취미가 없다는 사람도 취미라고 할 수 있는 일을 한두 가지는 떠올릴 수 있을 것이다.

취미를 갖기란 어렵지 않다. 그 일을 취미로 삼겠다는 최초의 의지가 조금 필요할 뿐이다.

또 알고 보면 매우 간단하다. 이를테면 실내든 밖이든 스포츠에 몰두해서 땀을 흘리면 불쾌한 일을 빨리 잊을 수 있다. 자기 시간에 맞춰 언제든지 가능하며 혼자서도 할 수 있는 스포츠를 가지라고 권하고 싶다.

시간이 없는 사람은 산책이 좋다. 밤에 집 근처를 걷거나 회사에서 돌아오는 길에 버스나 지하철 한 정거장 전에 내려 집까지 걸어오는 것도 좋은 방법이다. 빠른 걸음으로 걷다 보면 그것만으로도 집에 돌아올 때쯤이면 마음의 응어리가 훨씬 가벼워질 것이다.

요리도 스트레스 해소에 도움이 된다. 맛있는 요리가 만들어지면 성취감과 먹는 기쁨으로 기분이 좋아질 것이다. 좋아하는 사람과 함께 먹을 수 있는 환경이라면 행복도 배로 늘어날 것이다.

음악도 마음을 풍요롭게 하는 효과가 있어서 스트레스 해소에 빠뜨릴 수 없다. 마음이 울적할 때는 자기가 좋아하는 밝은 음악을 듣는다. 짜증이 날 때 조용한 음악을 들으면 마음이 진정된다는 것은 학술적으로도 인정되고 있다. 자기가 직접 연주할 수 있다면 효과는 더욱 커진다.

그 밖에도 도예나 조각, 미술품이나 영화감상, 서예, 그림, 시, 꽃꽂이 또는 소설을 읽거나 쓰는 등 여러 가지를 생각할 수 있다. 이러한 것에 몰두하면 잡념으로 마음이 괴로울 일은 없을 것이다.

자기가 진심으로 즐길 수 있는 취미를 가지고 기분전환을 하여 긴장과 휴식이 적절히 섞인 밝은 하루하루를 보내기 바란다. 취미의 힘을 빌리는 것만큼 훌륭한 자기관리 방법도 없다.

잡념으로
마음이 괴로울 때 2

취미와 함께 내가 기분전환 방법으로 적극 권하는 것이 바로 여행이다.

사람에게는 스트레스가 점점 쌓이면 어딘가 멀리 훌쩍 떠나고 싶어지는 증발욕구를 품는 경향이 있다. 오도가도 못하게 된 마음이 현실도피를 부추기는 것이다. 이럴 때는 마음이 이끄는 대로 일상에서 벗어나 여행을 떠나는 것도 한 가지 방법이다. 일상을 벗어나기 가장 좋은 것은 아무래도 해외여행이다.

그러나 일이 있는 사람은 그렇게 오랫동안 여유롭게 여행을 다니기도 쉽지 않을 것이다. 해외여행은 제법 긴 시간과

돈이 필요하다. 만약 시간이 없을 때는 가까운 호텔에서 하룻밤 묵는 것만으로도 기분전환이 된다.

호텔 방에 묵으며 휴대전화 전원을 꺼버리면 메시지도 전화도 오지 않으니 일상의 잡무로부터 해방될 수 있다. 돈을 아끼지 말고 좋은 방에서 뒹굴며 느긋하게 목욕도 하고 깨끗한 이불 속에서 푹 잔다. 호텔 식당에서 분위기 있는 식사를 하며 사치스러운 기분도 만끽한다. 그리고 잠시 밖으로 나가 시내 구경을 해보는 것도 꽤 기분전환이 될 것이다.

온천에 가는 것도 좋다. 충분한 휴식과 온천욕은 실제 건강에도 좋다.

또한 온천지는 경관이 수려한 곳이 많으므로 자연을 접하며 지친 마음을 달랠 수도 있다.

온천 료칸에 묵으면 시간에 개의치 않고 천천히 식사나 술을 즐길 수 있다. 평소라면 다음날의 일이나 돌아갈 차편을 걱정해야 하지만 료칸이나 호텔이라면 그런 신경을 쓰지 않아도 된다. 목욕을 한 다음 맛있는 저녁을 먹고 그 다음에는 푹 자면 그만이다. 친한 친구끼리 가면 평소에 못했던 이야기를 하거나 시간에 상관없이 마음껏 수다를 떨 수 있으니 더욱 좋다.

간단한 방법으로는 기차 여행을 해보는 것이다. 기차를 타고 가까운 근교로 나가 색다른 풍경을 보는 것만으로도 기분전환이 된다. 창 밖의 풍경이 달라지는 것을 보면 신기하게도 왠지 '여행을 떠난다'는 기분이 들 수 있다. 중요한 것은 어떻게 일상생활에서 벗어날 작전을 짜느냐이다.

단, 썩 내키지 않거나 컨디션이 좋지 않을 때는 여행을 떠나도 피로가 더욱 쌓이는 결과를 낳을 수 있으니 주의하자. 떠나고 싶다는 마음과 컨디션이 맞아떨어질 때 비로소 여행은 감동을 불러올 수 있다.

'버림' 의식

뚜렷한 이유도 없이 마음이 우울할 때가 있는 반면 우울한 이유가 확실할 때도 있다. 이를테면 실연 같은 것.

어떤 여성은 그럴 때 헤어진 애인을 떠올릴 만한 물건은 가차없이 버린다고 한다. 모든 것을 끊어내기 위해 선물이나 사진, 데이트할 때 자주 입었던 옷 등등 무조건 없애버린다는 것이다. 나쁜 기억을 지우려면 이렇게 철저한 '버림'의 의식을 갖는 것도 좋다.

직장에서 실수를 했을 때도 실수를 떠올릴 만한 물건은 모조리 치워버린다. 물론 책임을 회피하라는 것은 아니다. 하지만 다 지나 어쩔 수 없는 일이라면 차라리 모두 처분하고 새로운 기분으로 다음 업무에 임하는 것이 좋은 방법이다.

딱히 잊고 싶은 일이 없어도 청소나 정리정돈은 기분전환에 최고다.

일에 대한 집중력이 떨어지고 생각이 정리되지 않을 때는, 책상 위를 치우거나 불필요한 문서를 버리거나 파일을 정리하고 나면 기분이 산뜻해지는 것을 느낄 수 있다.

그동안 잊고 있었던 요긴한 파일이 발견될 수도 있고 정리를 하는 동안 새로운 아이디어가 번쩍 떠오를 수도 있다.

특히 책상 앞에 앉아 머리 쓰는 일을 하는 사람은 꼭 청소를 하라고 권하고 싶다. 청소는 일종의 운동이다. 혹사당한 두뇌가 지쳤을 때 아무 생각 없이 몸을 움직이다 보면 마음도 차분해진다. 바닥 걸레질이나 화장실 청소도 좋다. 목욕탕 타일이나 욕조를 솔로 싹싹 문질러 보자. 반짝반짝 하게 닦고 나면 기분도 상쾌해질 것이다.

연말이나 봄에 대청소를 하고 산뜻한 마음으로 오후를 보낸 경험은 누구에게나 있을 것이다. 주위가 깨끗하면 왠지 의욕이 샘솟는다. 대청소까지는 아니더라도 기분전환을 위해 청소 요법을 적극 활용해 보자.

청소는 여자가 하는 일이라고 생각하는 남자는 당장 그

생각을 고쳐먹기 바란다. 청소를 잘하는 사람은 직장에서 일도 잘 풀리게 되어있다.

일단은 써보자

머리 속으로만 생각하면 끝없이 빙빙 돌며 괴롭히는 것이 고민이다. 하지만 글로 적어보면 신기하게도 정리가 된다.

'나는 글재주가 없어서……'

이런 사람도 생각나는 단어만 나열해도 좋으니 일단은 써보자. 남에게 보여줄 것도 아니니 잘 썼든 못 썼든 전혀 신경 쓸 필요가 없다.

자, 당신은 지금 무엇이 고민인가? 간략하게 적어보자.

'까칠한 상사 때문에 회사 가기가 싫다.'

'아무리 노력해도 주위에서 알아주지 않는다.'

'진정한 친구가 없다.'

불만을 더 이야기하고 싶다면 조금 더 구체적으로 써보자.

'이번 주 들었던 기분 나빴던 말 베스트 텐.'

'또 그렇게 나오면 이렇게 반격해야지.'

글쓰기란 묘한 힘이 있어서 쓰다 보면 어느새 마음이 후련해지는 것을 느낀다. 글을 쓴다는 건 감정을 바깥으로 꺼내는 행위이기 때문이다.

또한 종이에 적힌 글을 읽어보면 조금 더 냉정하게 사실을 직시할 수도 있다. 다른 사람과 이야기하다 보면 생각이 정리될 때가 있듯이 글을 쓰는 동안 머리 속이 정리되기 때문이다.

'고집 센 상사에게는 이렇게 말하면 통하지 않을까?'

'이렇게 말하면 역효과가 나겠지?'

이렇게 상대와의 대화를 상상하면서 해야 할 말과 하지 말아야 할 말을 가려낼 수도 있다.

나아가 고민을 해결할 방법까지 적어가다 보면 머리 속이 더욱 차분히 정리될 것이다. 효과가 있을지 없을지는 접어두고 생각할 수 있는 모든 해결방법, 지금 자신이 할 수 있는 일들을 번호를 붙여가며 적어보자.

그러다 보면 자기 나름의 해결법이 분명 생겨날 것이다.

나도 이 방법을 즐겨 사용한다. 특히 화가 나는 일이 있을 때면 종이에 휘갈겨 쓴 뒤 상자에 넣어두곤 한다. 이것도 꽤 마음이 후련해지는 방법 중 하나이다.

어쨌거나
친구는 필요하다

나는 아흔이 다 되어가는 지금도 모임이나 파티에 초대를 받으면 될 수 있는 한 참석하려고 노력한다. 물론 집에서 편안히 쉬고 싶을 때도 있다. 하지만 마음먹고 참석해보면 반드시 '오길 잘했다' 싶어지는 일이 있기 마련이다.

바쁘고 피곤하다가도 오랜만에 친구를 만나 반갑게 이야기 나누며 활력을 되찾을 때도 있다. 때로는 우연한 일로 의기투합하여 새 친구를 사귈 때도 있다.

파티나 모임에 참석해 잘 모르는 사람들 틈에 끼는 것을 즐기는 사람도 있다. 인간관계로 고민에 빠지면 자신의 일상생활과 전혀 관계없는 사람을 만나고 싶다는 것이 그 이유다. 자기의 우울한 원인을 알고 있는 친구를 만나면 결국 그 이야기가 나오기 마련이다. 그러면 기분이 나아지기는커녕 더 우울해질 수도 있다는 것이다. 하지만 모르는 사람들 속에서는 일상생활과 관계없는 사소한 잡담이나 취미 이야기 등으로 시간을 보낼 수 있다. 그러면 마음이 편안해진다고 한다.

인간관계는 스트레스의 주범이다. 하지만 마지막에 당신을 구해주는 것 역시 가족이나 친구들이라는 사실을 잊지 말자.

그러니 평소에 폭넓은 인간관계를 쌓아두기 바란다. 친구가 많다는 것은 당신이 우울할 때 구해줄 사람이 그만큼 많아진다는 뜻이다. 비록 수는 많지 않아도 마음을 터놓고 이야기할 수 있는 친구가 있다면 더욱 든든할 것이다.

하지만 친구는 가만히 앉아만 있는다고 생기는 것이 아니다. 다소 어색하더라도 다양한 활동에 참여해보자. 그 적극성이 분명 멋진 우정을 가져다 줄 것이다. 친구를 불러 식사나 술자리를 함께 하고 또 친구가 부르면 나가기도 하면서 친분을 쌓고 서서히 신뢰관계를 키워가면 된다.

친구는 인생의 보물이다. 오랜 친구는 나이가 들수록 소중한 존재가 된다. 그리고 아무리 나이를 먹어도 인생을 풍요롭게 해줄 새 친구도 필요한 법이다.

술에 대한 예의

 가볍게 한잔하며 기분 좋게 취해 즐겁게 대화를 나누는 것은 가장 간단한 스트레스 해소법이다. 마음 맞는 친구들과 마셔도 좋고, 때로는 상사나 선후배 등 연배나 입장이 다른 사람과 마시는 것도 좋다. 이성과 한잔하는 것도 즐거운 일이다.

 술은 정신적인 제약을 풀어주는 효능이 있다. 술을 즐기는 사람은 취할수록 통제가 안 되는 그 묘한 해방감을 알 것이다. 행복감에 싸여 유쾌해지고 속박에서 풀려나는 듯한 그 기분 말이다.

 또 술은 몸에 필요한 수면과 식욕 증진에도 도움을 준다.

하루 일과에 마침표를 찍는 의식이 되기도 한다. 술을 마시면 '오늘 하루도 끝났구나' 하는 만족감이 들고 생활에 리듬이 생긴다.

그래서 나는 하루 일을 마치면 꼭 술을 한잔 마신다. 하루의 마침표를 찍어 그날의 스트레스를 다음 날까지 가져가지 않으려는 내 나름의 방법이다. 술과 더불어 보내는 한때가 내 하루를 재충전하는 시간이기도 하다.

하지만 술은 과하면 술주정이나 알코올중독으로 이어지는 등 안 좋은 측면도 있기 때문에 적정량을 늘 염두에 둬야 한다.

나는 예전에 펴낸 책에 '홧김에 마시는 술은 청춘 시절 두 번 허용된다'라는 글을 쓴 적이 있다.

인생에는 수많은 난관이 있다. 그리고 가장 큰 시련이 청춘 시절에 도사리고 있다. 신입사원이 맡은 첫 번째 업무 같은 것 말이다. 자신만만하게 덤비지만 현실은 절대 녹록하지 않다. 자신의 진짜 실력과 한계를 그때 처음 통감하게 되는 것이다. 그럴 때 술을 진탕 마시고 진짜 출발선을 다시 확인하게 된다. 그것이 첫 번째 '홧김에 마시는 술'이다.

그리고 또 다른 한번은 실연당했을 때 마시는 술이다. 그런데 여기서 내가 말하는 소위 '홧김에 마시는 술'이란, 술로 기분을 풀어봤자 그것은 일시적인 위안일 뿐 즉, 근본적인 원인은 없앨 수 없다는 말이기도 하다.

그렇게까지 술에 의지하는 것은 술에 대한 예의가 아니라는 것이 애주가인 나의 입장이다.

이미 알고 있는 독자도 있겠지만 사실 나는 '알코올건강의학협회' 회장직을 맡고 있다.

우리 협회가 제창하는 '적정 음주'의 핵심은 다음과 같다. 주량은 사케일 경우 200㎖ 이내, 맥주 2병 이내, 위스키는 온더록으로 두 잔까지다. 일주일에 이틀은 간을 쉬게 해준다. 20도 이상의 술은 희석해서 마신다. 술은 식사와 함께 한다. 혼자가 아니라 여럿이 모여 즐겁고 유쾌하게 마신다 등등이 있다.

술에 먹히지 않고 술과 더불어 즐거운 삶을 보내기 위해서는 반드시 '적정 음주'를 실행해야 한다. 술에 의존하게 되어버리면 술을 즐길 수 없어지기 때문이다. 언제까지나 술을 사랑할 수 있는 현명한 애주가가 되기 바란다.

단, 70세가 넘으면 주량은 위에 적은 '적정 음주'의 반으로 줄이는 것이 건강에 좋다.

불평불만의 조건

불쾌한 일이 생기면 불평을 하고 싶어질 때가 있다. 하지만 상대가 자기 원하는 대로 해주지 않는다고 원망하거나 불평해봤자 아무것도 달라지지 않는다.

따라서 불평은 아무리 해도 소용없는 일이고, 바람직한 행동이라고도 말할 수 없다.

게다가 불평만 늘어놓는 사람은 대개 그 상황을 바꾸어보려는 행동이 따르지 않는 경우가 많다. 그러니 계속해서 불평의 악순환을 벗어날 수 없는 것이다.

하지만 사람이 과연 불평 한마디 없이 완벽한 삶을 살 수 있겠는가?

누구나 소용없는 줄 알면서도 불평하고 싶어질 때가 있기 마련이다. 누군가 자기 심정을 알아주었으면 싶을 때도 있다. 죽는 소리를 하고 친구나 가족에게 "힘들겠구나" 하는 위로의 말 한마디를 듣고 싶기도 하다. 그것만으로도 한결 마음이 가벼워질 때도 있다.

그것이 어리광이라는 것도 당신은 알고 있다. 하지만 그런 이기적인 불평을 들어줄 상대를 갖는 것은 매우 중요하다. 그 상대로는 되도록이면 자기와 비슷한 일을 하고 서로의 처지를 잘 아는 사람이 좋다. 그러면서도 너무 가깝지 않은 사람이어야 한다. 왜냐하면 당신의 불평이 주위에 전해질 가능성도 있고 그로 인해 새로운 문제의 불씨가 생길 염려가 있기 때문이다.

또 비판적인 사람, 설교나 충고를 좋아하는 사람보다는 묵묵히 들어주고 공감해주는 사람이 좋다. 이럴 때 불평불만이 많은 사람은 좋지 않다. 불행한 사람끼리 모여 서로 불평을 늘어놓으면 분위기만 더 어두워지기 때문이다. 그보다는 당신이 한바탕 불평을 쏟아내면 호탕하게 웃고 "자, 그래도 힘내보자" 하고 격려해 줄 수 있는 밝은 사람이 좋다.

불평을 할 때는 제한시간을 두는 것도 좋은 방법이다. 정해진 시간 동안 불평을 쏟아내고 그 시간이 지나면 마음을 깨끗이 정리하고 문제해결을 위한 행동을 시작하는 것이다. 언제까지 불평만 하고 있을 수는 없으니 말이다.

잠에 대하여

마음이 안정된 생활을 하기 위해 가장 중요한 것은 무엇보다 잠을 잘 자는 것이다. 충분한 수면을 취하는 것이 스트레스를 해소하고 우울한 기분을 날려버리는 최선의 방법 중 하나다.

사람들은 보통 하루에 8시간 정도 자야 한다고 믿고 있다. 그런데 이 시간 자체에는 근거가 없다. '8시간'이라는 숫자는 중세의 철학자 마이모니데스가 하루를 3등분해서 그중 한 부분을 수면에 할당해야 한다고 주장한 것이 생활에 정착되었을 뿐이다. 수면은 시간적인 양보다 질이 문제다. 잠이 부족하다고 느끼면 사람은 어떻게든 자게 되어 있다.

숙면할 수 있느냐 없느냐는 침실 환경에 달려 있다. 우선 조용하고 어두운 곳이어야 한다. 외부의 잡음이 문제인데, 귀마개를 하거나 조용한 음악을 틀어 소음을 없애면 된다. 자기가 예측할 수 없는 소리는 아무리 작아도 귀에 거슬리지만 자기가 허용하는 소리는 거슬리지 않는다.

요나 침대는 너무 푹신하지도 너무 딱딱하지도 않아야 한다. 이불은 가볍고 보온성 높으며 방습성이 있는 게 좋다.

그리고 잠자기 전에는 몸과 마음이 편안해야 한다. 격렬한 운동을 하거나 집중해서 일한 직후에는 잠을 자지 말고 잠시 쉬도록 하자. 그럴 때는 한동안 흥분상태가 지속되기 때문에 바로 잠을 이루기 어렵다.

물론 규칙적인 생활을 해야 한다는 것은 말할 필요도 없다. 또한 잠이 오지 않는다고 초조해 하지도 말자. 불면증을 의식하면 오히려 더 잠이 안 오므로 너무 애쓰지 말고 시간의 흐름에 자연스럽게 몸을 맡기면 된다.

그러다 보면 자신도 모르게 잠이 들고 눈 뜨면 어느새 아침이 찾아와 상쾌한 기분으로 일어날 수 있을 것이다.

동물과의
교감

불과 얼마 전의 일이다. 텔레비전 광고의 영향으로 치와와가 선풍적인 인기를 끌었다. 작은 몸집에 왕방울만한 눈동자를 굴리며 쳐다보는 모습이 사랑스러워 마음이 누그러진다고 한다.

분명 작은 동물의 사랑스러움은 무엇으로도 대신할 수 없다. 지인 중 한 여성은 아이들이 개를 기르고 싶어하는 것을 처음에는 반대했지만, 막상 기르다 보니 끙끙거리며 어리광 부리는 개의 모습에 그녀가 가장 흠뻑 빠져버렸다고 한다.

또 어느 여성은 "개는 나를 배신하지 않아요"라고 말한다. 그녀가 혼자 울고 있으면 개가 다가와 눈물을 핥아준다고 한다. 개는 사람을 나무라지 않는다. 그저 슬퍼하는 사람을 말없이 지켜볼 뿐이다.

혼자 사는 여성 중에는 개를 기르는 사람이 많다. 인간에게는 스킨십이 필요한데, 반려동물은 그 역할을 훌륭히 해낸다. 또 혼자 고민하거나 괴로워하면 좀처럼 헤어나오기 어려운데 동물이 있으면 그만큼 기분전환이 빨라진다. 곁에 있는 것만으로도 마음이 포근해지는 것이다.

비단 개뿐만이 아니다. 고양이, 햄스터, 새나 열대어 등도 좋다. 반려동물과 마음을 주고받는 시간은 당신의 하루를 훨씬 즐겁게 해줄 것이다.

인생을 조금
더 편하게 사는 방법

상처 입거나 슬픔에 잠긴 사람들은 일단 마음을 긍정적으로 가져야 한다.

하지만 그렇다고 완벽한 결과를 기대해서는 안 된다. 이 세상에 완벽한 인간은 존재하지 않는다. 그래서 완벽을 바라면 무리가 따르게 된다. 그러면 마음에는 또다시 스트레스가 쌓인다.

나는 틈만 나면, 쾌적한 사회생활을 영위하는 기본은 뭐든지 '80퍼센트'를 지키는 것이라고 주장한다.

친구가 '완벽한 친구'이기를 바라기 때문에 작은 말실수에도 화가 난다. 일을 완벽하게 하려고만 하니까 사소한 실수에도 자신이 한심해진다.

슬럼프에 빠지거나 좌절했을 때도 마찬가지다. 원래의 상태로 100퍼센트 돌아가려는 마음이 초조함을 더욱 증폭시키는 것이다.

하지만 완벽을 위해 애쓰기 보다 80퍼센트로 만족한다면 인생을 조금 더 편하게 살 수 있지 않을까? 즉, 다른 사람에게 사소한 결점이나 실수가 있어도 슬쩍 눈감아버리고 흘려보내는 것이다.

자기가 실수하면 '실패는 성공의 어머니'라고 생각하고 다시 시작하면 된다. 남이 일일이 뭐라고 하지 않아도 인간은 때가 되면 자연히 깨닫기 마련이다.

사실 나는 요즘 80퍼센트는 고사하고 뭐든지 60퍼센트만 되면 다행이라는 생각이 든다. 나이를 먹은 탓인지, 뭐든 끝을 보지 않으면 직성이 안 풀리던 성격이 많이 차분해진 듯하다.

젊은 사람이라면 이 일 저 일을 모두 해내려다 실패하고 절망에 빠질 수도 있을 것이다. 하지만 모든 것을 이루지 못해도 인생은 인생이다. 이룬 업적이 위대한 것이 아니라 이루고자 노력한 자세가 고귀한 것이다.

마음을 덮은 먹구름을 걷어내고 싶다면, 뭐든지 '80퍼센트'에 만족하는 자세로 살아보길 권한다.

5장
어떻게든 해보려고 발버둥 치며 성장해 간다

내 인생은
잘 풀리고 있어

인간은 배움에 의해 성장한다. 그리고 배움은 실패의 경험을 통해 쌓여간다.

자기가 어렸을 때를 돌이켜 보면 알 수 있을 것이다. 덧셈 뺄셈도 처음에는 모른다. 틀리기를 거듭하다 이윽고 원리를 깨우치고 복잡한 계산도 할 수 있게 된다.

학교를 졸업하면 배움은 끝이라고 생각하는 사람이 많지만 결코 그렇지 않다. 회사에 들어가면 하나부터 열까지 일을 배워야 한다. 경력을 쌓기 위해서는 수없이 벽에 부딪혀 봐야 한다.

인간관계도 그렇다. 말 한 마디, 구두점 하나까지 똑같은 대화란 세상 어디에도 존재하지 않는다. 친한 친구든 처음 보는 사람이든 동일한 상대에게 같은 이야기를 두 번 하는 것이 아닌 이상은 언제나 새로운 대화를 시작하는 것이다. 그렇게 생각하면 실수나 트러블이 생겨도 당연한 것으로 여기고 가볍게 넘길 수 있다.

그리고 여러 번 만나면서 실수나 성공 경험을 쌓다 보면 어떤 행동이 커뮤니케이션을 보다 원활하게 하는지 자연스레 알게 된다. 그런 의미에서 여러 사람들과 다양한 만남을 갖는 것이 참 중요하다.

성공한 사람치고 실패를 모르는 사람은 없다. 오히려 수많은 실패를 거쳐 왔기에 비로소 성공을 손에 넣을 수 있었을 것이다.

실패의 기억은 강렬하다. 특히 나이가 들수록 실패는 쉽게 잊혀지지 않는다. 하지만 그것을 후회하고 슬퍼하기만 할 게 아니라 성공을 위한 발판으로 삼아야 한다.

그렇게 생각하면 실수, 실패 등으로 현실이 괴롭다고 끙끙 앓는 것이 얼마나 시간을 낭비하는 일인지 알 수 있을 것이다. 물론 반성은 필요하다. 하지만 필요 이상으로 움츠러드는 것은 별 의미가 없다.

그러니 '그냥 다 때려치우고 싶다'가 아니라 '또 한 가지 좋은 경험을 했어. 내 인생은 잘 풀리고 있는 거야' 하고 생각하자. 당장 생각을 고쳐먹기는 힘들겠지만 우울함을 취미나 운동 등으로 되도록 빨리 털어버리고, 서서히 마음을 긍정적으로 바꿔가면 되는 것이다.

사랑은 사람을 강하게 만든다

마음의 면역력이라는 것이 있다. 고생하며 성장한 사람은 어려움에 처했을 때도 침착하게 대처할 수 있고 그에 버틸 만한 힘이 있다. 반대로 아무 고생을 모르고 살아온 사람은 약간의 어려움에도 어찌할 바를 몰라 공황상태에 빠진다.

상사에게 늘 야단맞는 부하는 야단을 맞으면 '또 시작이네!' 하는 느낌밖에 없다. 이쯤 되면 얄미울 정도지만, 이것도 일종의 면역이다.

마음의 면역력은 정신적인 강인함이 있어야 발휘된다.

'나는 원래 약한 사람이야' 하고 자신 없어 할 필요는 없다. 당신에게 소중한 사람, 사랑하는 대상을 마음의 지주로 삼으면 마음은 강해지게 되어 있다.

사랑은 사람을 강하게 만든다. 웬만한 일로는 주저앉지 않는다. 나쁜 일이 있어도 '그 사람을 위해서라도 극복해야지' 하고 씩씩하게 일어서게 된다.

당신 주위에도 가정을 가진 후 왠지 듬직하게 변한 사람이 있을 것이다. 가족에 대한 애정과 책임감이 그 사람을 강하게 만든 것이다.

소중한 존재가 꼭 연인이나 가족이어야 할 필요는 없다. 친구라도 좋고, 짝사랑하는 상대 또는 반려동물이라도 좋다. 그 존재가 있기에 힘을 얻을 수 있다면 무엇이든 상관없다.

다만 그 대상을 위해 무슨 일이 있어도 주저앉으면 안 된다고 너무 자신을 채찍질하거나 노력한 대가를 요구해서는 안 된다. 그러면 그 존재가 부담으로 느껴지고 갑갑해질 수 있다. 어디까지나 자기 마음 속의 남모르는 버팀목 정도로 그치는 것이 좋다. 뭔가 해내고 나면 스스로 자신을 칭찬해주는 일도 빠뜨리지 말자.

대가 없는 애정을 바칠 상대가 있다는 것. 그 존재가 당신의 마음을 풍요롭게 하고 긍정적으로 만들어준다는 것을 항상 기억하기 바란다.

이 세상을 살기 위한
기본적인 자세

"암환자도 기도로 나을 수 있다."

사이비 종교단체의 선전문구 같지만, 사실 이것은 노벨 의학상을 받은 알렉시스 카렐 박사의 말이다.

물론 모든 암환자가 기도만으로 낫는다면 그 많은 병원은 문을 닫아야 할 것이다. 하지만 그렇게 해서 나은 사람이 분명 존재하고, 또 그들은 딱히 특별한 체질도 아니라고 한다.

이에 관해 나는 같은 의사로서, 긍정적인 사람은 병에 대한 저항력이 강하다고 말할 수 있다. '병은 마음에서 온다'라는 말을 굳이 꺼낼 것도 없다. 긍정적인 태도는 즐겁고 편안하게 이 세상을 살기 위한 기본적인 자세다. 그래서 '나는 낫는다, 나는 낫는다' 하고 끊임없이 생각하거나 되뇌는 것의 효과를 무시할 수 없다.

특히 스트레스나 고민으로 우울해 있을 때 이 방법은 매우 효과적이다. 마음을 쉽게 다치는 사람은 뭔가 나쁜 일이 있으면 그 부정적인 이미지를 계속 끌고 다니는 경향이 있다. 시도 때도 없이 불쾌한 기억을 떠올리거나 사소한 데에 끊임없이 신경을 쓰고 그럴 때마다 주눅이 들어 좀처럼 떨치고 나아가지 못한다.

하지만 일상생활에서 일어나는 대부분의 문제는 알고 보면 마음먹기에 따라 좋게도, 나쁘게도 변할 수 있다.

이를테면 업무상의 실수나 인간관계의 트러블도 '결국은 잘될 거야' 하고 생각하면 그 부정적인 요소도 긍정적인 결과로 가는 단계로 받아들일 수 있게 된다.

긍정적인 이미지나 바람을 끊임없이 생각하고 말하는 것은 간단한 자기암시도 되고 부정적인 상황에서 벗어나기 위한 에너지도 된다.

마음을 편히 하고 싶거나 힘이 필요할 때, 뭔가 긍정적인 말을 해보자. 분명 상황이 좋아지는 것을 경험할 수 있을 것이다.

꿈을 갖는 게
결코 헛된 것이 아님을

앞에서 꿈이나 희망을 안고 사는 긍정적인 사람은 강하다고 말했다. 실제로 그런 사람은 무척 매력적으로 보인다.

그런 한편 이따금 그 꿈에 짓눌리는 사람도 있다. 꿈을 갖는 것까지는 좋았지만 좀처럼 이루어지지 않아 점점 불만이 쌓여가는 것이다.

불만만 쌓인다면 대체 무엇을 위한 꿈인지 알 수 없다. '이럴 바에는 처음부터 꿈 같은 것은 갖지 말 것을' 하고 생각할 수도 있다.

희망이 오히려 불만의 원인이 되어버리는 것은 실현을 위한 과정에 문제가 있기 때문이다.

예를 들어 '이탈리아에 가고 싶다'라는 꿈이 있다고 하자. 여기서부터가 중요하다.

이탈리아에 갈 기회가 오기만을 막연히 기다리고 있어서는 안 된다. 꿈이란 가만히 앉아 있으면 저절로 이루어지는 것이 아니다. 그러다 생기는 것이라고는 갈 수 없어서 생기는 스트레스와 그에 따른 심신의 괴로움뿐이다.

그렇다면 어떻게 해야 할까? 꿈과 관계 있는 것들 중 당장 행동으로 옮길 수 있는 것을 '작은 목표'로 삼아 조금씩 이루어가야 한다.

여행을 즐기기 위해 현지의 말을 공부하거나 관광명소에 대한 지식을 미리 익혀두는 것도 좋은 방법이다. 또 여행용 적금통장을 만들어 매달 조금씩 저금을 하는 것도 좋다. 그리고 휴가를 한꺼번에 내기 위해 미리 사전 준비를 해둘 수도 있다.

이렇게 실행을 하다 보면 공부한 성과나 행동, 저축 실적 등 눈에 보이는 형태로 꿈을 향해 한발 한발 다가간다는 것을 실감할 수 있다.

이것을 실감하면 만족감과 함께 다음 단계로 넘어갈 수 있는 용기나 긍정적인 감정을 얻어 꿈이 조금씩 구체적으로

부풀어간다.

인생에는 뜻하지 않은 일이 일어날 수 있다. 만약 꿈을 이루지 못하고 끝난다 해도 이렇게 꿈을 실현하는 과정을 배우고 실감한 사람은 꿈을 향해 걸어온 나날을 소중한 추억으로 간직할 수 있다.

그리고 꿈을 갖는 게 결코 헛된 것이 아님을 깨닫고 또 다른 꿈을 향해 걸어갈 수 있다. 꿈을 갖자. 그리고 그것을 실현하기 위해 조금씩 앞으로 나아가자.

서두르지 말고 느긋하게

세상은 점점 바쁘게 돌아가고 있다. 최신 정보가 수도 없이 쏟아지고 있고 사람들은 그런 정보를 쫓아다니느라 정신없어하며 시간에 쫓기면서 살고 있다.

좀 덜 조급하게 조금 느긋하게 살았으면 하지만 한창 일할 젊은 사람들에게 그런 것을 요구하기도 곤란한 세상이다.

그러니 최소한 마음이 지쳤을 때만이라도 서두르지 말고 느긋하게 살아보자.

마음이 쉽게 지치는 사람은 대개 근면하고 성실하며 다른 사람에 대한 이해심이 깊다. 다만 누구보다도 반성하는 마음이 강하다는 것이 우울증 등으로 마음을 앓게 되는 원인이기도 하다. 그런 사람은 누군가에게 답답한 마음을 털어놓고 충분히 휴식을 취하면 된다.

하지만 회사에 다니는 직장인이 우울증으로 몇 달씩 쉬는 것은 회사에도 가족에게도 그리고 본인에게도 곤란한 문제다. 특히 우리 사회는 빈둥거리는 것을 좋게 보질 않는다. 본인은 휴식을 취한다고 하는데 주위에서는 '젊은 사람이 저렇게 놀아서야 쓰나' 하고 한심하게 보기 십상이다.

그런 비난이나 걱정을 들으면 본인은 본인대로 초조해진다. 본디 근면한 성격인 탓에 '이대로 있다가는 뒤처지겠다' 싶어지기도 한다. 그래서 완치가 안 되었는데도 '다음 주부터 출근하겠습니다' 하고 서둘러 나왔다가 병을 더욱 키우게 된다. 이럴 때는 일이나 공부 같은 부담을 일단 완전히 내려놓고 회복될 때까지 끈기 있게 참고 기다려야 한다.

물론 이 말은 사소한 고민이나 부상 회복에도 그대로 적용할 수 있다.

몰릴 대로 몰려 불안과 초조 속에 고민하는 것보다 온갖 속박에서 벗어나 편안하고 느긋한 시간을 보내는 것이 얼마나 마음의 건강에 도움이 되는지는 쉽게 상상할 수 있을 것이다.

아무리 스피드가 중요하다지만 시간은 나중에 얼마든지 되찾을 수 있다. 이렇게 긍정적으로 생각해 보자. 그리고 평화롭고 느긋하게 마음의 휴식시간을 가지기 바란다.

긍정적으로
살기 위한 힌트

자기 자신의 고민은 대단히 크게 느껴지지만 다른 사람의 고민을 들으며 '겨우 그 정도를 갖고 왜 고민하지?' 하고 생각한 적은 없는가?

여기에도 긍정적으로 살기 위한 힌트가 있다.

어느 남성은 자신의 이혼 경력을 상당히 부담스럽게 생각한다. '나는 결혼에 한 번 실패했고, 헤어진 아내가 있다'는 것을 현재 사귀는 사람에게 미안하게 생각한다.

'나보다 훨씬 젊고 조건이 좋은 남자와 결혼할 기회가 얼마든지 있을 텐데'

'정말 나로 괜찮은 걸까?'

'아무렇지 않은 척하지만 사실은 헤어진 아내가 마음에 걸리는 건 아닐까?'

하지만 그녀와 이야기를 해보니 전혀 신경 쓰지 않는다는 것이다.

"요즘 이혼이 무슨 흠이에요? 내 친구 중에도 이혼남과 결혼한 애가 있어요."

그녀는 아무렇지 않게 말했다.

결국 고민이란 본인 혼자만의 걱정일 뿐이다. 이 남성은 이혼이 인생의 큰 흠이라고 생각하는 한편 여성은 전혀 그렇게 생각하지 않는다. 즉, 그는 그녀에게 죄책감을 느낄 필요가 없다는 것이다.

그렇게 생각하면 그의 고민은 공상이나 망상에 불과하다. 본인 스스로 그 망상에서 벗어날 수밖에 다른 방법이 없다.

당신의 고민도 그런 공상에서 나온 것은 아닐까? 실제로는 아무 일도 일어나지 않았는데 혼자 부정적인 예측을 하고 걱정하거나 상대의 마음을 넘겨짚어가며 고민하고 있지는 않는가?

자기 고민을 털어놔버리면 그것만으로도 한결 마음이 가벼워진다.

'다들 이런 건 하나도 신경 쓰지 않는구나'

이런 일이 의외로 적지 않다. 그리고 다른 사람들 역시 인간인 이상 당신처럼 주위에서 보기에는 아무것도 아닌 일로 고민할 것이다.

주위 사람들의 고민이 당신에게는 별 일 아니듯이 당신의 고민도 주위 사람들에게는 별 게 아니다.

그렇게 생각하면 훨씬 긍정적인 마음가짐으로 살 수 있을 것이다.

온갖 불행에
대처하는 방법

사나운 개 앞을 지나갈 때 '짖지 않을까, 짖으면 어쩌지?' 하며 겁을 먹고 지나가면 정말 무섭게 짖어대던 경험이 있을 것이다. 사람이 겁을 내면 개는 그 분위기를 느끼고 짖는다.

개를 무서워하는 사람은 되도록 개와 맞닥뜨리지 않도록 하면 된다. 그래도 어쩔 수 없이 개 앞을 지나가야 할 때는 침착하게 대처할 방법을 생각해야 한다. 겁내지 말고 당당하게 지나가는 것이다. 그러면 의외로 개는 짖지 않는다.

이것은 비단 개뿐만이 아니라 인생의 온갖 불행에 대처할 때에도 똑같이 적용된다. 불쾌한 일, 트러블, 인간관계의 불화, 진척되지 않는 업무 등에 시달릴 때 어떻게 극복하느냐는 등을 보이지 않는 데에 그 비결이 있다. 개는 도망치는 사람의 뒷모습이 보이면 덤벼들 듯, 불행도 피하려고 하면 할수록 덤벼들어 당신의 마음을 불안하게 한다.

"왜 내가 이런 일을 당해야 돼!"라고 소리치면서 화를 내는 것도 효과가 있다. 실험에 따르면 분노의 감정을 표현하면 일시적으로 스트레스 저항력이 높아진다고 한다. 하지만 그것은 길어야 5일이 한도이며, 계속 화만 내고 있으면 거꾸로 저항력이 떨어진다는 실험결과도 있다. 그러니 화가 날 때는 적극적으로 화를 내고 빨리 잊어버리는 것이 좋다.

분노든 슬픔이든 이에 대처하려면 다 때려치우고 싶은 감정을 일으키는 원인에서 항상 눈을 떼지 말아야 한다. 이것은 위기를 극복하는 가장 좋은 방법이라고 할 수 있다. 긍정적인 마음만 먹으면 아무리 큰 위기라도 실상은 겉보기보다 훨씬 작은 것임을 알아챌 수 있게 될 것이다.

긍정적인
삶을 위한 첫 걸음

마음이 밝아지면 표정도 밝아진다. 얼굴 표정은 그 사람의 마음을 나타내는 거울이라고 우리는 흔히 말한다.

그러면 마음이 어두워질 때, 그 원리를 역이용하면 어떨까? 다시 말해 억지로라도 밝은 얼굴을 하면 마음도 밝아지지 않을까?

미국의 어느 심리학자는 "즐거워서 웃는 것이 아니라 웃으니까 즐거워지는 것이다. 슬퍼서 우는 것이 아니라 우니까 슬퍼지는 것이다"라고 말했다.

그럴 법한 것이, 미소를 짓거나 웃고 있다 보면 정말 뱃속에서부터 웃음소리가 터져나올 때가 있다. 반대로 억지로

눈물을 짜내다 보면 점점 슬픈 기분이 든다. 일본어에는 다도나 전통무용을 배울 때 형식을 철저히 따르다 보면 속뜻을 깨친다는 의미로 '형식부터 들어간다形から入る'라는 표현을 쓰는데, 그 말처럼 표정을 만들어 감정을 제어할 수도 있는 것이다.

그래서 나는 언제나 사람들에게 "프로의 웃음을 가져라"라고 말한다. 프로의 웃음이란 이를테면 개그맨의 웃음이다. 개그맨은 부모님이 돌아가신 날에도 무대에 올라 관객들에게 싱글벙글 웃어 보여야 한다.

또 어느 여성 스타일리스트는 자기관리를 잘하려면 큰 거울을 방에 두라고 말한다. 가족이 있는 사람은 주위의 시선을 의식해서 행동이나 표정에 신경을 쓰지만 혼자 사는 사람은 긴장감을 잃기 쉽다. 그러지 않도록 거울이라는 시선을 이용해서 마음을 관리한다는 것이다.

그런데 요즘은 다른 사람에게 굳이 관심을 보이지 않는 사람들이 많다. 가령 여러 회사가 있는 건물에서 근무할 경우, 다른 회사 사람과 엘리베이터에서 마주쳐도 서로 대화를 나누는 일은 거의 없다.

하지만 그럴 때 다른 회사 사람이 "안녕하세요?" 하고 웃으며 인사를 건넨다면 누구나 기분이 좋아질 것이다. 웃는 얼굴에 침 못 뱉는다고 웃으며 인사하는 사람에게 나쁜 감정이 생길 수 없다. 이것도 웃음이 주는 한 가지 효과다. 기브 앤드 테이크라는 말도 있듯이 상대로부터 호감을 얻고 싶다면 자신이 먼저 호의를 보여야 한다. 그러면 긍정적인 에너지가 퍼져갈 것이다.

어떤 선택을 해도 괜찮다

나는 타고난 낙천가다. 마음이 답답할 때도 늘 '모든 사람은 행복해질 운명을 타고난 존재다'라고 스스로 다짐한다.

태어나지 말았어야 할 사람은 이 세상에 단 한 사람도 없다. 사람은 누구나 누군가가 간절히 원했기 때문에 세상에 존재하는 것이다. 즉, 누군가가 원했기 때문에 태어난 이상, '나'라는 존재는 행복해질 수 있다고 믿어도 된다.

그런데도 공연히 자신감을 잃거나 자기를 비하하게 되는 것은 참 이상한 일이다.

이것은 자기에게 힘을 실어주는 주문 같은 것이지만 워낙 암시에 걸리기 쉬운 내게는 꽤 효과가 있다.

소리 내어 나지막이 속삭여보자.

"나는 행복해질 운명이야."

"나는 행복해지게 되어 있어."

이렇게 하고 나면 조금 기운이 난다. 자신을 긍정하는 마음이 생기면 몸에도 좋다.

그래서 고민이 있을 때 나는, '나는 행복해지기 위해 태어났으니 어떤 선택을 해도 괜찮아, 사소한 실수를 하더라도 반드시 좋은 결과로 이어질 거야'라고 생각한다. 우여곡절이 있어도 결과적으로는 잘될 것이라고 생각한다. 그렇게 생각하면 마음이 밝아진다.

실제로 이렇게 긍정적인 방향으로 마음을 다잡으면 상황은 대개 호전된다. 뿐만 아니라 자기를 되돌아볼 수도 있다. 잃어버린 자신의 참모습을 되찾을 수도 있다는 말이다.

세상이 너무 복잡해지다 보니 우리는 진정한 자기 모습을 잃어버리고 살기 쉽다. 어쩔 수 없는 일이라지만 좀 더 자신을 믿고 자기가 살고 싶은 대로 살아도 되지 않을까?

아무도 나의 행복을 방해할 수 없다

인간은 평등할까 불평등할까? 그것은 무엇을 기준으로 생각하느냐에 따라 다를 것이다.

회사의 월급을 예로 들어보자. '똑같은 일을 하는데 저 사람과 나는 월급이 이만큼 차이가 나다니 불공평해'라고 생각할 수 있다. 하지만 사람이 일을 하는 이상 저마다 일하는 방법도 소요시간도 다르다. 완전히 똑같은 일은 존재하지 않는다는 말이다. 시간급인가, 능력급인가, 능력이란 무엇인가 등등을 따져보면 완전히 평등하고 공정한 급여를 지불하기란 불가능하다는 것을 알 수 있을 것이다. 애초에 사람을 평가하고 급여를 지불하는 것도 사람이다. 객관적인 평가를 한다고 생각하지만 자연히 주관이 개입되기 마련이다. 또 사원 개개인의 육체적인 조건도 평등하지 않다. 인간은 모두 똑같은 신체조건으로 태어나지 않는다.

결국 무엇이 진정한 평등인지는 아무도 모른다.

하지만 완전히 평등하다고 할 수 있는 것이 두 가지 있다. 하나는, '누구나 언젠가는 죽는다'라는 것이고 또 하나는 '행복이나 불행은 자기가 느끼는 것이지, 남이 결정하는 것이 아니다'라는 것이다. 이 두 가지 점에서는 누구나 평등하다.

만약 당신이 돈이 없고 미남미녀도 아니며 직업도 변변치 않지만 '나는 세상에서 제일 행복해'라고 생각한다고 하자. 그럴 때 주위에서 아무리 "에이, 그럴 리가" 하고 비웃어도 소용없다. 아무도 당신의 행복을 방해할 수는 없기 때문이다.

반대로 당신이 부자에다 빼어난 미모의 소유자이며 능력도 있어서 주위의 부러움을 사고 있다고 해도 스스로 불행하다고 생각한다면 당신은 불행한 사람인 것이다.

행복과 불행에 객관적인 기준은 없다. 행복한지 불행한지는 누구나 스스로 결정할 수 있는 지극히 주관적인 것임을 기억하기 바란다.

나를 믿고
한 걸음 앞으로

긍정적인 사고라는 말을 들으면 꼭 이렇게 반론하는 사람이 있다.

"말이야 쉽지만, 당장 괴로워 죽겠는데 긍정적인 생각을 어떻게 해? 아무리 노력해도 나쁜 생각밖에 안 들 때라는 게 있잖아. 게다가 고민하지 말고 무조건 긍정적으로 생각하라고 강요하는 것 자체가 스트레스고, 믿음이 안 간단 말이야."

확실히 '긍정적 사고'라는 말이 아전인수격으로 자기에게 유리하게만 해석하거나 어려운 현실을 못 본 척 피하는 방법으로 받아들여지는 경향이 있다.

하지만 진짜 긍정적 사고에는 고민이나 괴로움도 함께 따른다. 중요한 것은 나쁜 결과가 예상되는 상황에서도 좋은 결과를 그려내는 것이다.

'이러이러한 어려움이 예상된다. 그래도 반드시 극복할 수 있다. 그 뒤에는 밝은 미래가 열릴 것이다.'

이렇게 믿고 어떻게 행동할지를 생각하는 것이야말로 진정한 '긍정적 사고'이다.

결코 무사 안일한 태도가 아니며 또 그렇게 어려운 일도 아니다. 구체적인 이미지가 그려지지 않으면 '더 이상 나빠지지는 않을 거야. 이제 괜찮아. 앞으로는 좋아질 일만 남았어' 하고 현재를 생각하는 것만으로도 상황은 훨씬 나아진다.

아무리 그렇게 생각하려고 해도 부정적인 생각이 머리를 떠나지 않을 때는 억지로라도 좋으니 어쨌든 간에 이 불운을 행운으로 바꿔 생각해보자.

예를 들어 '부서 이동'은 '새로운 일에 도전할 수 있는 기회'이다. '업무상의 실수'는 '성공으로 다가가기 위한 경험'이고, '경제적인 어려움'은 '풍요로운 생활로 가는 출발점'이고, '병으로 인한 공백'은 '필요한 휴식'이라고 받아들이는 것이다. 이렇게 매사에 훈련하다 보면 반드시 마음을 긍정적인 방향으로 향하게 할 수 있다.

그리고 어려움에 직면했을 때는 '이젠'이 아니라 '아직'이라는 단어를 떠올리자.

'이젠 망했어'가 아니라 '아직은 괜찮아', '이젠 끝이야'가 아니라 '아직은 문제 없어', '이젠 지쳤어'가 아니라 '아직은 버틸 수 있어'라는 식으로 말이다.

단순한 말장난이라고 비웃으면 안 된다. 겨우 이 정도만 의식이 변해도 마음은 크게 달라질 것이다.

다 때려치우고 싶다며 필요 이상으로 괴로워하는 일은 이제 그만두자.

다 때려치우고 싶었던 경험은 언젠가 당신에게 큰 보답을 안겨줄 것이다.

'이제 다 잘 될 거야!'라고 자기 자신을 믿고 한 걸음 앞으로 나아가보자!

어떻게든 해보려고
발버둥 치며 성장해 간다

인간은 누구나 직장에서든 일상생활에서든 다양한 고민에 직면한다.

'더는 이 회사에서 일 못하겠어', '아무리 노력해도 영업 실적이 바닥이야', '이 괴로운 상황이 영원히 끝날 것 같지 않아', '틀어져버린 인간관계를 다시 되돌리긴 어렵겠지?'

이렇게 벼랑 끝에 내몰렸다는 생각이 들면 대부분의 사람은 '다 때려치우고 싶다'고 생각하며 무력감에 빠져든다.

하지만 우선 말해두고 싶은 건, 무슨 일이든 자신의 생각대로 흘러가는 일은 절대 없다는 것이다. 벽에 부딪히기도 하고 어떻게든 해보려고 발버둥 치며 인간은 성장해 간다.

자신이 할 수 있는 최선을 다해 노력한 뒤 원하는 결과를 얻지 못했다고 해도 그 최선을 다한 경험이 당신을 서서히 좋은 방향으로 이끌 것이다.

그러니 '다 망했어' 하고 필요 이상으로 괴로워하지 말기 바란다. 정말 스스로도 최선을 다했다는 생각이 든다면 너무 속상해하지 말고 오히려 열심히 한 자신을 칭찬해주는 여유를 갖도록 하자.

무엇보다 문제 해결에는 어느 정도 시간이 걸린다는 것을 기억해둬야 한다. 예를 들어 누군가와 싸운 뒤 곧장 관계가 회복될 수는 없는 노릇이다. 상대의 마음이 차분해질 때까지는 시간이 걸린다. 그 사이에 사과도 하고 상대의 기분을 맞춰주려 해봐도 바로 전처럼 돌아갈 수는 없는 법이다. 상대가 마음이 풀릴 때까지 기다리는 수밖에 없다.

일을 할 때도 마찬가지다. 오늘 쓴 기획안이 당장 내일 빛을 보고 바로 이익으로 직결되는 일은 있을 수 없다. 계획을 세우고 몇 년에 걸쳐 준비를 하며 매달린 프로젝트가 빛을 보는 게 3년 후가 될지 5년 후가 될지는 아무도 모른다. 회사의 운명을 좌우하는 큰 사업일수록 결실을 맺을 때까지 시간이 걸릴 것이다. 그 동안에는 자신들이 할 수 있는 최선의 일을 하며 담담하게 기다려야 한다.

비즈니스 세계에서는 갈수록 스피드가 중요해지고 신속한 문제해결이 요구된다.

그런 세계에 발 담그고 있는 사람들은 주변 동료들이 성과를 내는 것을 보고 그에 미치지 못하는 자신을 한심하다 여기고 주눅들게 되기 쉽다.

하지만 그 성과는 그들이 지금까지 보이지 않는 곳에서 괴로워하며 시간을 보낸 뒤 얻은 결과일 수도 있다.

애초에 세상에는 시간을 들이지 않으면 해결하기 어려운 문제들로 가득하다. 기다리는 것을 하지 못한다면 이러한 문제들을 해결할 수 없을 것이다.

일이든 인간관계든 스피드가 생명이지만, 그만큼 기다리는 일도 중요하다.

급히 내달릴 줄도 알고 느긋하게 기다릴 줄도 아는 사람이 인생에서 진정한 행복을 맛볼 수 있는 사람일 것이다.

기다릴 줄
아는 지혜

기다림이 필요한 것은 지치고 힘들 때만이 아니다.

직장에서든 일상생활에서든 짜증이 나고 화가 나는 일이 잔뜩 있을 것이다.

상사의 지시가 자꾸만 바뀐다, 동료는 게으름 피우느라 일이 나에게만 온다, 부하는 실수 연발, 분명 연락했는데 상대는 '못 들었는데요'라고 한다 등등.

이러한 일이 반복되면 짜증은 극에 달하고 강한 분노가 끓어 오를 것이다. 누구에게나 화가 나는 일이 있기 마련이니 때로는 화를 분출하는 것도 필요할지 모른다. 하지만 그럴 때 일단 참고 넘기는 것도 중요하다. 대부분 화를 내도 상황은 전혀 바뀌지 않으니까 말이다. 바뀌기는커녕 오히려 악화되는 경우가 더 많다.

머리끝까지 화가 차오를 때는 바로 움직이지 말고 잠시 기다려보자. 아무리 큰 분노도 며칠이나 이어지지는 않는다. 어느 순간 화가 가라앉는 듯 하다가 또 훅 하고 치고 오르기도 하지만 이 반복을 통해 화는 조금씩 누그러진다.

얼마간 시간이 지나면 마음도 차분해질 테니 그때부터 움직여도 늦지 않다. 냉정한 상태로 생각해보면 상사와 어떻게 맞춰갈지, 사람들을 어떻게 대해야 할지 아이디어들이 떠오를 것이다.

화가 날 때일수록 기다림이 중요하다는 것을 잊지 말도록 하자.

좋아질 거라는 믿음

인생은 오셀로 게임과 같다. 온통 까만 색이었던 판이 순식간에 하얀 색으로 뒤덮이기도 하니까 말이다.

만일 당신이 지금 부정적인 생각에 빠져있다고 해도 아주 사소한 계기 하나로 긍정적으로 바뀌는 때가 반드시 온다.

이를 증명해주는 것이 선인들의 지혜다. 예를 들어 '찬물도 급히 마시면 체한다'라는 속담이 있다. 너무 서두르면 오히려 일을 그르친다는 의미인데, 이와 반대로 '쇠뿔도 단김에 빼라'처럼 좋은 일은 서두르라는 속담도 있다. 모순되는 말이 아무렇지 않게 공존하고 있다.

'선수필승先手必勝(먼저 공격해야 이긴다)'라는 말도 있고 '먼

저 출발한 말이 먼저 지친다駄馬の先走り'라는 말도 있다.

모두 다 맞는 말이다. 즉, 세상 일은 한쪽 면만 보고 판단해서는 안 된다는 것이다. 앞에서 보는지 뒤에서 보는지에 따라 전혀 다른 것이 보이고, 시간의 흐름에 따라 시시각각 변하기도 한다.

그러니 항상 언젠가는 좋은 방향으로 갈 것이라는 믿음으로 기다려보기 바란다.

기다렸던 만큼
기쁨은 커진다

인기 있는 식당에는 항상 줄이 길게 서있다. 몇 시간을 기다리더라도 꼭 그곳의 음식을 맛보고 싶다는 사람들이 많은 모양이다. '그렇게 오래 기다려서까지 먹고 싶을까?' 하고 생각하는 사람도 분명 있을 것이다. 아마도 '그렇게 오래 기다려서까지 먹고 싶어!'인 것이리라.

그 가게의 음식이 분명 맛있기도 하겠지만, 인간은 기다림이 길어질수록 간절해진다.

'이렇게 오래 기다렸으니까' 하는 마음이 맛에 대한 만족감을 더 높여주기도 한다. 1시간 기다리면 1시간만큼의 마음이 담기고 2시간 기다리면 2시간만큼의 마음이 담겨 맛을 좋게 해준다.

  기다리는 일은 꼭 힘들기만 한 것이 아니라 그 후의 즐거움을 극대화 시켜줄 때도 많다. 힘들게 참고 기다렸으니 기쁨도 배가 되어 돌아오는 것이다.

  어쩌면 기다림은 기쁨을 크게 해주는 행동일지도 모른다. 기다리면 기다릴수록 그 후의 행복은 더 커지기 때문이다.

  그러니 일이나 인간관계에서 다 때려치우고 싶은 마음이 드는 사람은 잠시 기다려보면 어떨까. 분명 얼마간은 시간이 걸릴 것이다. 기다리는 시간이 조금 괴로울지도 모른다.

  하지만 조금만 긍정적인 마음으로 기다리다 보면 '좋은 추억이 됐어' 하고 느껴질 날도 오게 된다. 또 기다린 시간이 길면 길수록 거기에서 빠져 나왔다는 기쁨은 더욱 클 것이다.

  '나에게도 이런 날이 오다니! 힘들었지만 기다린 보람이 있어' 하고 말이다.

옮긴이 **박은영**

일본 가고시마현과 아키타현의 시청에서 5년간 통번역, 국제교류 업무를 했다. 귀국 후 일본 관계 기관에서 근무하다 현재는 번역가로 활동 중이다. 옮긴 책으로는 〈나는 빠리의 이방인〉, 〈가정식 혼밥〉, 〈카레 쿠킹 북〉 등이 있다.

회사, 일, 인간관계 때문에
그냥 다 때려치우고 싶다

1판 1쇄 발행 2019년 10월 7일

지은이 사이토 시게타
옮긴이 박은영

발행인 이도은
발행처 레몬컬처

등 록 제2019-000009호
전 화 010-9133-5213
전자우편 lemonculture@hanmail.net

ISBN 979-11-88840-04-5 (03830)

Copyright ⓒ 2019 by LEMON CULTURE
Printed in Korea

- 잘못된 책은 구입하신 서점에서 바꿔드립니다.
- 책 값은 뒤표지에 있습니다.
- 이 도서의 국립중앙도서관 출판예정도서목록(CIP)은 서지정보유통지원시스템 홈페이지(http://seoji.nl.go.kr)와 국가자료종합목록 구축시스템(http://kolis-net.nl.go.kr)에서 이용하실 수 있습니다. (CIP제어번호 : CIP2019029712)

五